藏在十二张
古画里的大宋

画说大宋

罗松涛／著

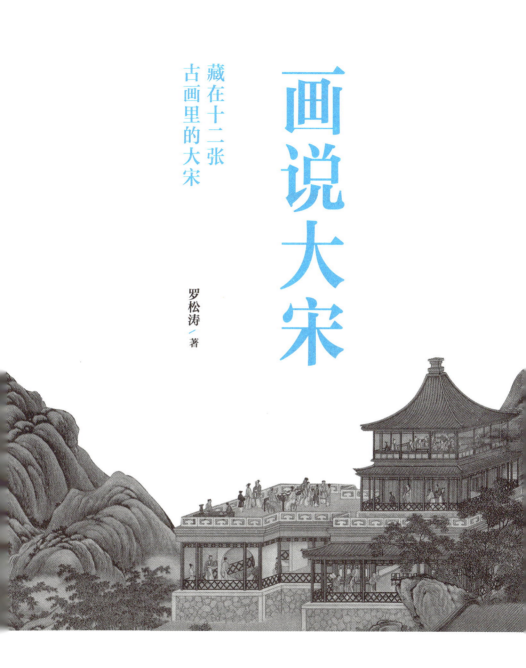

北京时代华文书局

图书在版编目(CIP)数据

画说大宋 / 罗松涛著. — 北京：北京时代华文书局，2021.11
ISBN 978-7-5699-4365-8

Ⅰ①画… Ⅱ.①罗… Ⅲ.①中国历史－宋代－通俗读物
Ⅳ.①K244.09

中国版本图书馆CIP数据核字(2021)第172256号

拼音书名 | Hua Shuo Dasong

出 版 人 | 陈　涛
项目策划 | 马　峰
责任编辑 | 李　兵
执行编辑 | 王　灏
责任校对 | 初海龙
装帧设计 | 天下书装
责任印制 | 訾　敬

出版发行 | 北京时代华文书局 http://www.bjsdsj.com.cn
　　　　　北京市东城区安定门外大街138号皇城国际大厦A座8层
　　　　　邮编：100011　电话：010-64263661　64261528
印　　刷 | 三河市天润建兴印务有限公司　0316-3654596
　　　　　(如发现印装质量问题,请与印刷厂联系调换)
开　　本 | 880 mm × 1230 mm　1/32　印　张 | 9　字　数 | 196千字
版　　次 | 2023年5月第1版　　印　次 | 2023年5月第1次印刷
成品尺寸 | 145 mm × 210 mm
定　　价 | 68.00元

前　言

　　唐睥睨天下在前，元席卷欧亚于后，宋朝却并非大一统政权，总给人以积贫积弱的印象。好在近年来，受一些文艺作品的影响，人们多了些新的认识——原来，两宋非但不贫弱，还那么的富庶繁华！

　　不信请看国家宝藏《清明上河图》。这幅五米多的长卷，张择端先生以散点透视技法，逐一呈现山川河流、城池街道、书院酒楼、骡马舟车，让八百多号人物各安其位，各忙其事。

　　《清明上河图》作为本书的第一张画，再现了首都汴京风俗人情。北南两宋延续三百多年，民间、宫廷、士大夫三大绘画流派齐头并进，绘画艺术登峰造极。除传统的壁画、纸帛画、扇面、屏风、年画、插画、版画等，还出现了纸画行，专做画作买卖。宋代的传世画作自然举不胜举，仅《宣和画谱》收录的北宋画家作品就多达3300件。

　　好在《清明上河图》把这本书的调子定了。书中所选宋朝的这十二张画，除了宋徽宗赵佶绕不开，咱尽量不去攀帝王将相的高枝儿，专挑展现小老百姓的小生活、小确幸的作品。这位赵佶，琴、棋、金石、书画、园艺、茶艺、收藏样样精通，自创瘦金字体独步天下，可谓艺术全才、画家翘楚、被皇帝身份耽误的艺术天才。他全力支持皇家画院，在中国画坛树立了一个又一个丰碑。他作品无数，其中虽不排除枪手代劳，但仅那幅《瑞鹤图》，便足以笑傲书画江湖。只可惜，他不是做皇帝的料，竟然做了全国的俘虏。北宋灭亡了，汴京歌舞消歇，色彩暗淡！

回头来看宋朝百姓的小日子。第一要紧的是置办点东西。宋人比咱们有派，不用上网，更无需逛商场，直接在家门口购物——《货郎图》画得分明，小货郎送货下乡。油、盐、酱、醋，穿戴涂抹，玩具符贴，好家伙，林林总总三百多件，一副货担就是一个小卖部。货郎走乡串户，念完国内生意经；还在榷场扛起大旗，大搞边境贸易。小货郎最受女人欢迎，你看那幅《绣栊晓镜图》，梳妆台上的胭脂口红，女人的穿戴，哪样不由他们送来？无论顾影自怜的仕女，还是侍候殷勤的丫鬟，都体态瘦削婀娜。唐朝女子以胖为美，宋朝美女拼命减肥，个中原因耐人寻味。

宋人口味变了，尚茶之风甚炙，从皇帝到百姓都喜欢斗茶。怎么个斗法？简单如《茗园赌市图》：茶叶好坏，制茶手艺高下，全在唇舌之间分辨。在北宋，斗茶可不是只尝尝味儿，还渐渐发展出茶宴、茶艺、茶道和茶学。宋人喜欢玩，《秋庭戏婴图》描绘了好几种时兴玩具，有的流传至今。在宋朝，不仅小儿玩游戏，大人也玩，城郊还有不少玩具作坊，形成游戏产业。文人士大夫也加入进来，玩出新的高度。东晋，一拨文人搞"曲水流觞"，喝酒吟诗，王羲之在朋友圈发了《兰亭序》，是为雅集之始。宋人不再满足于河边喝酒，而在别墅花园举办茶会和酒宴。《西园雅集图》记录了一次盛大的雅集，与会者非富即贵，还得是文人雅士。宋朝的雅集是艺术的盛会，也是结党营私的场合，而"党争"逐渐发展成为王朝肌体上的毒瘤。

　　书中的《炙艾图》，让读者与古老的中医技"艾灸"来一次亲密接触。画中郎中下狠招，患者万分痛苦，现代人恐怕会望而生畏。在千年前的宋朝，各层次的医学院和医院，执业医师和药店，福利院和公墓区等机构，形成一套完整的医疗卫生体系。并且，"巫医"是"执证上岗"的。《观画图》上，一位患者正在接受"巫医"的治疗。用画儿治病，这可是今天的读者想不到的。

　　宋朝富但不强，弱就弱在没有牧场，马匹奇缺，战马必须花大把银子从榷场购买。宋军的这个软肋，被马背上的民族拿捏得死死的。李公麟画《五马图》，反映了宋人对良马的渴望。少马，但南方水网密布，宋人利用舟楫之利，大力开发航运。《江帆山市图》是宋朝江河运输的一个场景。航运催生出先进的造船术，宋人的优秀战舰，成功抵挡北方民族多次猛烈进攻。水师固然厉害，但南宋以半壁江山苦苦支撑，终究靠的是农业。南方农技高超，一位县令搜集整理出四十多幅《耕织图》，宋高宗命令全国张贴。直到清朝，该图都是帝王亲自推广的耕织科普读物，其实用价值远远高过艺术价值。

　　这也是笔者欣赏十二张画之后的一点感慨。

罗松涛

2022年4月于成都

目　录

目

录

3

5

目
录

6

第一张画 《清明上河图》

北宋·张择端《清明上河图》（全拼图）

背景介绍：

绘者：北宋　张择端

规格：24.8 cm×528.7 cm　绢本，设色

此图为中国十大传世名画之一。作品以长卷形式，采用散点透视构图法，生动记录了中国 12 世纪北宋都城东京（又称汴京，今河南开封）的城市面貌和各阶层人民的生活状况，为北宋代表性的风俗画。

《清明上河图》曾被收入御府，靖康之变后流入金人地区，元、明两代流落民间由私人收藏，清朝没收入官，著录于《石渠宝笈三编》。1945 年 8 月，伪满皇宫失火，《清明上河图》与大批珍贵文物流散民间，后在通化被截获，先存放于东北博物馆，现藏于北京故宫博物院。

第一节　城市的大饼是这样摊开的

北宋·张择端《清明上河图》（局部）

1. 人多地少怎么办？进城打工去

　　北宋国土面积很小，只有 280 万平方千米，不到大唐国土的四分之一，但人口最多时达到 1.26 亿。这是个什么概念？大唐盛世也只有人口 8000 多万。国家和平稳定、经济繁荣，老百姓没事就敞开肚皮生孩子，才几十年工夫，人口就比盛世唐朝超出了 4000 多万。

　　按"三垧地一头牛"的老法子，显然养不活这乌泱泱的人丁。

　　怎么办？进城打工去！

　　首选当然是都城汴京。

　　在宋朝，汴京无疑是一座超级城市。有多大呢？绕城一圈超过 26 千米，常住人口 44 万，还有流动人口 100 多万。这规模放到现在当然不算啥，北京市仅二环就比它的外城长了 6 千米，人口更不及现在的一个地级市。但那是在张择端一笔一画地创作《清明上河图》的公元 1100 年前后。那时没有地铁，也没有共享单车，从城东到城西的亲戚家串门，骑驴坐轿，怎么也得一两个小时，更别提节假日会"堵车"了，好好一桌酒菜都能等凉透了。

同时期欧洲城市人口很少，即使到了 13 世纪（南宋后期）西方最大最繁华的城市威尼斯依然只拥有 10 万人口，主要街道抽几支烟的工夫就可以逛完。这么两相对比，汴京真可谓是不折不扣的超级大城市。宋朝以汴京为核心建成了庞大的城市群，而且一般大城市人口都有十几二十万。城市吸纳了全国两成以上的人口，创造出了超过七成的税收，可以让绝大多数的农民安心地种田。

城市有这么大的甜头，为了摊开这一张张大饼，宋朝的公务员可没少费心思。

3

2. 自由城市建起来

首先，他们以街市制彻底取代坊市制，建起了真正的城市。

也许你会质疑，这不是笑话吗？唐都长安，东都洛阳，哪一个不是响当当的"真正的城市"？但人口多、面积大、生意兴隆之地，不一定叫"城市"，确切地说，有的只为军事和政治目的建了"城"而没有"市"。中国封建时代大多数地方实行坊市制，"城"和"市"是严格分开的。

城市功能应该是多样化的、生活化的。

就说唐朝的长安，住人的坊和做生意的市被围墙隔开，像一块块整齐的菜地，"种"什么、怎么"种"都有规定；对坊的数量也严格限制，诸如益州（今成都）、扬州这样的二级城市，无论多有钱，最多也只能建 60 坊，绝不能超过拥有 108 坊的京城规格；至于一般的村镇，想开市做生意，门儿都没有。

宋朝就不一样了，无论大小，城市都成了现代意义上的街市。

在京城，政府先确定皇宫和衙门的通道，出钱修建主干道"御道"，搞起了人行道、排水沟和绿化带，在内城专门开辟商业区。在洛阳，政府给"钉子户"做工作，尽量拓宽街道发展商业。国家统一出台政策鼓励工商业，老百姓不管有没有常住户口，不管身份地位高低，只要有足够的银子，都可以拿地皮修房子，或者租赁楼宇门面，合理合法地做买卖。《水浒传》里，监狱长施恩开"度假村"，卢俊义贩卖骡马，西门庆开药材店，王婆开茶坊。老百姓争先恐后地做买卖，城里空间太小施展不开，就把铺子开到城外。如果觉得城市已经没有发展机会，那就去城郊当菜农、果农、花农……或者干脆到周边城市落户，慢慢开始创业。

3. 自由生意做起来

唐朝执行严苛的"计划经济"，把商品的价格和交易时间写进法律《唐律疏议》，还规定卖米的只能去米行，卖绢的去绢行，打铁的去铁行，等等。其他还有邻保制、坊门制、宵禁制，老百姓做个小生意都要申请报告、签字审批。政策不松绑，城市要发展比登天还难。

宋朝则允许沿街设店，每条街既可住人又可作为市场，什么柴米油盐、百业百货，流动的、固定的，车马店、茶馆、酒楼、旅馆……只有想不到的，没有做不到的。此时，坊市的限制早已不存在，想赚钱的人慢慢越过城门。在《清明上河图》里，汴京东门外，临河开店，摆摊设点，沿汴河两岸延伸出七八里。现代人将《清明上河图》做成动图，动图上那个热闹劲儿简直让人想钻进画里去。

城市发展了，一个类似于城管的部门——"街道司"成立了起来，但它的管理宽松灵活，更多的是为商家提供服务。在宋朝，宵禁早已取消，只要你银子足够，逛街看戏，再吃个宵夜，或者去玩个通宵达旦，绝对没任何人干涉。

4. 人口流动起来

商业发达，百业兴旺，人口和建筑越来越多，城市这个大饼就越摊越大。大量的外来人口涌入城市，政府急需对户籍管理松绑。

自西汉以来，政府为了方便管理和收税，将国民按照姓名、年龄、籍贯、身份、财富等进行严格登记，称为"编户齐民"。宋朝沿袭这种户籍管理方式，但不再将国民分为地主、自耕农、佣工、雇农若干等级，对脱籍的部曲和奴婢也一视同仁，统一按居住地分为两类：乡村户和坊郭户，相当于农业户和非农业户。其依据有无土地和房屋，又分别划分为主户和客户，主户分成五等纳税，而占八成的客户，无须直接缴纳赋税。

也就是说，城市人口中有八成的无产者，可以自由出卖劳动力，这些人跨过田埂就是现成的产业劳动者，这不就是资本主义经济的一个重要且必备的要素吗？

国民在身份上自由了，还得到一个利好：城市对任何人不设限制。不管是经商的、做手工的、帮佣的，还是流民，只要在某地生活一年以上，就可以获得当地户口；而外国人只要满足居住年限，就可以办理相关手续，哪怕京城户口也可以轻松获得。购房就业等，统统都和普通城市居民一样。

这天大的好事，那些吃了上顿没下顿的农民哪里等得及，一个个争相南下北上，涌进不同的城市，形成了一个特殊的群体——"浮客"。这些外来人员，有的只是为了混口饭吃，有的想要改变命运，有的则要把产业做大做强。他们开铺子做买卖，买驼队跑运输，更多的当然是流动小贩、打卦算命、补锅锔碗……

假以时日，"浮客"陆续定居下来，结婚生子，又引来新的"浮客"。他们先挤在城中村，甚至栖身桥洞街边，慢慢地攒钱买房置产，成为体面的城市居民，只在回望老家时引发一丝丝乡愁。

就这样，城市的大饼越摊越大，直到南宋依然没有停止。

第二节　房奴不是想当就能当

1. 宋朝以前就有房奴

2007 年，中国教育部正式公布，"房奴"成为一个汉语新词。

顾名思义，房奴就是因按揭贷款而成了房子的"奴隶"。不过各位按揭购房者切莫叹气，早在隋唐时期就已经有房奴了。在宋朝，大量人口蜂拥进入城市，结婚生子，最要紧的是房子。经济都在商品化，房产不消说，也迅速市场化，新的房产不断涌现，当时遍街都是房地产中介，那时的房产经纪商被叫作"庄宅牙人"。

宋朝房产换手率非常高，不是每个人都能现款买房，因此房奴是不可避免的。江浙地区有户房奴，钱都拿去供房，搞得妻儿没有衣服穿，连被子都靠租。不过，张仲文在小说《白獭髓》里描述的这种惨景，也不是每个人都有资格亲历的。换句话说，宋朝的房奴和现代一样，不是想当就能当上的，首先，你得有足够的银子付首付。

2. 朝廷大员也买不起房

汴京的房子有多贵，"汴京内城中，寸土尺金，除非皇族豪门，连栖居之地也没有"。这可不是牢骚，而是王禹偁白纸黑字记录在《李氏园亭记》里的。

王先生从县官一直做到皇帝顾问，官不可谓不大，但显然从未奢望过买房。他的"粉丝"欧阳修，依然只能租房子，还不是豪门大院，而是在污水横流的贫民区。这也难怪，在北宋，相当于今天副总理级的枢密副使也只能租住小巷之间。朝廷修了一批"公寓"，但能住得上的只有少数官员。

北宋初期，汴京的一套豪宅不过 1 万贯（一贯为 1000 铜钱，或白银 1 两），一套普通住房 1000 多贯，后来一路猛涨了几十倍。

当官的收入怎么样呢？北宋一位高级官员每月基本工资200贯，加上各种津贴补贴和100石粮贴，月收入大约400贯，县官则差不多只有40贯。一般官员的收入维持家庭开支绰绰有余，但要在京城买房置产，如果没有父母帮忙或"灰色收入"，要不吃不喝十几年才能把钱攒出来。唉，还是老老实实租房住吧。

3. 是什么推高了房价

首先是城市人口暴增。

北宋汴京的人口密度达到每平方公里1.3万人，与现在的北上广人口密度相当。现代人可以向空间要住房，但宋朝绝大多数是土木结构的平房和低层建筑，不少地方只是乡村的聚合。比如《清明上河图》里，城门楼外的河边闹市，居然有散放的猪，另外，在繁荣的城内，养鱼塘、散放鸡鸭随处可见。房源少，需要房屋的人口多，用脚趾头也想得出来北宋住房的金贵。

其次是城市的土地供应没有跟上。

在漫长的封建社会，朝廷对土地严格管控。比如唐朝规定住宅基地每户不得超过一亩，宋朝除了限制住宅的占地面积，还规定了建筑的形制。在土地私有的情况下，城市公用建设用地尚且非常困难，普通人要建房更是难上加难。宋神宗时期汴京外城扩建，为拆迁户支付的补偿款就高达两万多贯。在杭州临安的南宋皇宫，宽度不到25米，高度则超过18米，皇帝不是不想住宽敞一点，实在是土地金贵，只能向空中发展了。由此可见，宋朝的房屋成本不见得有多高，实在是地价推高了房价。

房屋的租金随着房价水涨船高，在宋朝做一个"房二代"绝对可以衣食无忧，有钱人家无不争相投资房地产——不是当房产商，就是做"包租婆（公）"。不少官员更是利用政策和权力投资建房或购房，能收到几十倍薪水的房租。

4. 朝廷不愿意有更多的房奴

住房是社会稳定的一个重要因素，朝廷不能坐视房价和租金飙升，便增大房产供应，同时强力"限购"。政府修建一批公屋，平头老百姓可以"摇号"购买，各级官员不能参与，而在宋仁宗时期，在汴京的官员不准购置"第二套房"。

房地产市场利润丰厚，政府当然不会放过。各级政府的"店宅务"（楼店务）成立了起来，就像现在的房管局一样，负责房产评估、管理租赁市场和公屋租赁。不管是公屋还是私房，租金多少必须交由店宅务评估，而由不得房东来定。虽然免不了徇私舞弊，但起码可以控制一下房租价格。如果房租还是居高不下，政府就修建大量的公屋推向市场。汴京的店宅务管理大约 25000 间公租屋，每间月租金不超过 500 文。花八九十斤大米的钱就可以安稳地住上一个月，这对于城市低收入群体来说，无疑是天大的福音。

第三节　当兵吃饷的快递员

1. 古代的快递有多快？

回答这个问题之前，我们得知道古代的几种主要的传递信息的方法：烽火、飞鸽、邮驿。

最古老的烽火，在每隔 10 里的烽火台上燃放，可以在 1 分钟之内完成信息传递；飞鸽传书则取决于鸽子的飞行速度，肯定比四条腿的马快；邮驿靠人、马或船，是最慢的。

《清明上河图》（局部）

但烽火只能传递单一警报，想多说一个字都不行；飞鸽再灵性，毕竟是鸟儿，遇上天气变化或其他意外，非但送不了信，还有去无回；最靠谱的还是邮驿。

古有"八百里加急"的说法，说的是军情传递。唐朝"快递生鲜"可达到"日驰五百里"，足以让可口的荔枝及时送达，确保"一骑红尘妃子笑"。

2. 铺兵，宋朝的快递员

《清明上河图》里出现了一处官署，大门敞开，有马倦卧院中，门墙外靠着长矛和大伞，八九名士兵在门前百无聊赖地或坐或躺,甚至仰面酣睡。有人说,这反映了官兵懈怠,但如此"军容不振",恐怕在皇城根下是混不下去的,倒是"铺兵说"更为确切,铺指"递铺",即邮驿,指的是当时的邮政所。

早在几千年前的商朝,中国就有了专门送信的邮驿。古驿道上 10 里一铺,30 里一驿,供邮驿歇脚、充饥,驿夫累了,换人,马匹乏了,换马。总之,要确保官府的公文信函一站接一站地快速传递。

邮驿都是官办,国库承担一切开支。这活儿不需要文凭技术,跑跑腿就能混口饭吃,谁都愿意干。比如唐朝,足足养了 25000 名驿夫,解决了不少人的就业问题。

3. 做一名体面的快递员

在宋朝,干快递不只能解决就业问题,还算是一份体面的工作。

首先,宋朝快递员收入高,每月基本工资 3 贯,依据工作的劳累程度和重要性,还有 100 到 200 千克的粮贴,可以养活一大家人了。

其次,快递员有专门的制服。春装布衣,冬装皮货,够意思了吧!

最重要的是他们有国家编制,算是有身份的人。

如此一来,递铺的"人事经理"不得忙傻眼?

别担心,宋朝的递铺与前朝的不一样,不是任何人都能进的,身份也是铺兵而不叫"驿夫"。宋朝的军队分为禁军和厢军,禁军是朝廷养的精锐部队,专门负责打仗;厢军刚开始担任国内的城防守卫，慢慢地沦落为土建部队，铺兵则是厢军里的一个特殊军种。

4. 快递员并不好当

铺兵不打仗，只送快递，但好歹也是兵，属兵部和枢密院直管。首先得入伍，需要本地户口、年满十六岁、身体健壮等条件；由于工作艰苦且节奏快，铺兵除了要擅长骑马外，严格的日常训练也必不可少，以保证良好的脚力。

朝廷给了这么好的待遇，工作肯定轻松不到哪里去。

宋朝的铺兵有步递、马递、急递三种。

步递，由铺兵"翻脚板"传送普通文书，每天大概传递两百里；马递，由铺兵骑马传送紧急文书，得日行三百里到四百里；急递，是主要传递紧急军事文书，得达到日行五百里。

铺兵接到十万火急的急件，会快马加鞭，在靠近下一个递铺时早早地摇响铃铛，唤出另一位铺兵接件，一站接一站，就如迎面接力一般，以最快的速度前往目的地。因此，《清明上河图》上那些铺兵东倒西歪地躺在地上，实际上是充分休息，以便恢复体力。

现代快递的门槛低，但宋朝的铺兵可不容易。宋朝实行邮、驿分治，驿站是专门的招待所，递铺只管快递，设施简陋，而驿道漫漫更是孤独而艰辛，人困马乏之余，铺兵耽误送件的事件时有发生，犯了错误被刺字发配边远山区还算好的，如在荒山野岭遭遇猛兽，或误落悬崖，可能连性命都会搭上。

5. 老百姓享受不了快递

宋朝的快递快捷，且有军队保障，可方便了！不过，这份方便，普通百姓可享受不到，这是专供皇家、官府和军队的。

那老百姓要传递信息怎么办呢？有钱人可以派遣家奴或雇人，普通人则只能拜托亲朋好友了。宋朝商品经济发达，但毕竟以小农经济为主，一般人难得有出门的机会，经常出差的官员、赶考的学子、做买卖的商人，就成了带信的最好人选。

商人是不会白帮忙的，通常会收几十文的辛苦费，用专门的竹或皮革制作的"邮筒"将信装上，便匆匆上路。若碰巧遇上战火连绵，这千里迢迢的只言片语，定然会让收信人有"家书抵万金"的感慨。

第四节　门类齐全的商业广告

1. 世界最早的广告

民国时期的电影场景里会出现较多招贴广告，要么是"人丹""哈德门"，要么是"治疗疑难杂症"之类。至于古装剧中，除了酒楼客栈的招牌幌子，再没有其他广告，但实际上，这是对古代商品宣传的一种误读。在宋朝，广告不但已经出现，而且不只有平面广告，还有各种各样的门类。

中国历史博物馆藏有一块铜版，中间是"白兔捣药"图案，两侧标注"认门前白兔儿为记"，直接表明：请认准门口的白兔儿商标。下面还有广告词——收买上等钢条，造功夫细针……这是北宋末年山东济南"刘家针铺"专门制作的广告雕版，而直到1473年，英国才出现印刷广告，比"白兔儿"晚了300多年。凭借先进的印刷术，刘家针铺大量印发这种叫"仿单"的广告单，类似今天，路人时不时被塞上一张纸单，打开一看却是卖房子、手机和餐饮的广告。

"白兔捣药"，现藏于中国历史博物馆

到了南宋，仿单越发图文并茂。为了宣传药品的疗效，一个叫"万柳堂"的成都药铺在仿单上画了两个人，一人气喘不已，一人身轻体健，还有"气喘""愈功"字样，表现出服药前后患者的不同模样，这简直就是电视上卖保健药的那些"大师"们的鼻祖。

2. 扯人眼球的灯箱广告

除了商标、印刷类广告，北宋还出现了灯箱广告。

没错，别以为灯箱是出现了电之后的现代产物，只要有灯火、灯笼，聪明的宋人就可以发明出灯箱，进而发明出广告。

在《清明上河图》里，灯箱广告的出现大概是不得已而为之，因为当时各种各样的广告实在太多，幌子十多面，招牌二三十块，像画中"孙羊正店"这样的高档酒楼，为了吸引人眼球，便树起三块立体招牌，分别是"孙羊""正店""香醪"，意思是这家店名为"孙羊"，是正店，也就是旗舰店，主营有香甜的美酒，简单明了。另一家"脚店"餐馆，也设置"十千""脚店"的灯箱，四个字便将店名和经营范围广而告之。这些灯箱广告外糊油纸，内置蜡烛或油灯，在繁华的夜市里也非常醒目。

至今，这种古老的广告形式在一些乡镇依然存在，有些仿古旅游景点，让类似灯箱广告在古街古镇重生，又别有一番味道。

3. 皇帝为茶肆代言

《水浒传》中宋江来到江西九江的浔阳楼，多喝了几杯黄汤，压抑不住心头的牢骚，提起笔来写了一首诗，最后一句是"他时若遂凌云志，敢笑黄巢不丈夫"！

这里要说的是浔阳楼，自唐朝修建以来，该酒楼相继得到韦应物、白居易等官宦文人的追捧，但名气依然不大，直到宋江出现。与古代的其他酒楼茶肆一样，浔阳楼的老板不但留出大幅的空白墙壁，还准备好笔墨让食客信笔涂鸦。碰巧遇上这个黑三郎宋江，一首反诗让其名满天下。

还有宋徽宗偷偷幽会李师师的茶楼，老板自然不敢做广告，但肯定会在朋友中暗示，本茶楼"天字一号房"是当今某位大人物光临过的，至于其他雅间嘛……这广告效果不言而喻。

如果这些都算是无心插柳，那赵匡胤则是有心栽花，特意为茶肆打广告。

此公"杯酒释兵权"之后，心头大爽，时常光顾城里的茶肆。有一次，他微服来到"丁家素茶"，喝到高兴处，扬手吩咐内侍回宫。茶铺老板心头正犯嘀咕，"下人"居然带回一幅画儿，抬腿一脚朝他膝弯儿踢来。原来是当今皇上要赐画啊，老板赶紧双膝跪下，大声哭喊："官家隆恩，草民涕零不尽啊……"

这是一幅宫中名画，不过是不是名画也不打紧，这可是当今皇上所赐啊！茶肆老板撞了大运，连忙将画高悬店中，整日焚香膜拜。丁家茶肆自此享誉天下，京城还由此流行起了茶肆挂画的时尚之风。

第五节　茶馆，不光是喝茶那点事儿

1. 茶馆是怎么来的

茶馆出现于唐朝开元年间（713~741），叫茗铺，最初大约只有饮茶的功能，到宋朝称茶肆。肆，指店铺，还有放纵、极、尽等意思。在茶馆，除了喝茶侃大山，还陈列花木，办音乐培训班，甚至有青楼女子作陪"喝花茶"。

宋朝人确实很会享受。在画尽繁华的《清明上河图》里，随处可见各种茶肆，门面装修齐整，规规矩矩做生意；有的占道经营，把茶桌摆到了房前屋下。饮者一边喝茶，一边闲聊，有的困了打个盹；渴极了的赶路人，拴好驴，端起大碗茶牛饮。

茶肆盛行，是经济发达、城市繁荣的产物。如果人们被束缚在一亩三分地上，一无闲钱，二无时间，哪有闲心喝茶聊天。宋朝的城市吸纳了大量农民、手工业者、商贩等各业人员，需要茶肆这样方便解决饮食的地方；而无所事事的官员、涌进京城的考生闲得没事，还要玩一点风雅情调，逐渐让茶肆朝高档、休闲的方面转化。

南宋·赵孟頫《斗茶图》

2. 除了茶，还有其他饮料

在茶肆喝茶的顾客中，焚香、挂画、奏乐，甚至有高档雅室的茶客毕竟是少数，绝大多数还是普通茶客。市民来茶肆要清茶一杯、瓜子一碟，就可以泡上一个下午。有的消费者会请店家加点姜片、盐巴，冲泡"姜茶"或"光茶"，就这么点小小的要求。

在《清明上河图》中，出现了"饮子"和"香饮子"的招牌，而伞下明显摆着饮料摊。这"饮子"就是一种以药材、果品熬制的保健饮料，其口味介于酒和茶之间，是当时颇为流行的饮品。

单一的几片树叶，显然无法满足人们越来越刁钻的口味，茶肆会根据时令季节，提供各种花样的饮料。夏天，宋人将存放在地下冰窖的天然冰块取出来，制作雪泡梅花酒、冰雪甘草汤、冰雪冷元子、生腌水木瓜，还有荔枝水、苦水、白水、江茶水、杨梅水等。此外，还有营业到半夜的各色"凉水"摊，这凉水当然不是水，而是果汁类饮品。冬天卖七宝擂茶、葱茶，或卖盐豉汤，当然也有茶縻等茶点。

逛街看戏，累了一天，去店里的火炉前坐下，要一杯热饮，吃些点心，那惬意，不枉做了一回宋人。

3. 茶楼就是个小社会

随着社会的发展，宋朝茶馆类型和功能多样化，是前代所不能比拟的。

最初，茶馆是为了给行旅客商歇脚解渴之用，到了宋朝，真正跑路的人哪会一坐半天，茶肆便向信息共享、商务洽谈、交友解闷，以及休闲娱乐方面发展，非常接近现代的茶馆。

在书信抵万金的年代，茶肆具有强大的信息聚合传播功能。

18

那西门庆对潘金莲"一见钟情"，无法上网查找，只得去王婆的茶坊，花几文钱，就要到了"间壁这个雌儿"的联系方式。这虽然是小说情节，但大抵反映了当时的生活。

为了招徕顾客，许多茶肆不断增加娱乐休闲功能，除了赌博棋牌、茶艺说书等传统把戏，还设有弦歌，取其"依琴瑟而咏歌"之意。茶肆雇来有技能的歌女，打扮得漂漂亮亮的，或弹古琴，或奏琵琶，玩点小资情调，吸引许多风雅人士前来消费，有的还专门前来学习器乐和演唱，茶肆被整成了音乐培训班。反过来，这些活动也为茶肆的品牌增色不少。

不少商人在茶肆谈生意，生意不成仁义在，就当交个朋友，花不了几个钱；有的人通过一杯茶完成房屋交易；有的干脆将茶肆办成了劳动力市场。一些茶肆还兼营客栈、洗澡堂、估衣铺、字画买卖。如此一来，茶肆热闹非凡，当官的、唱戏的、考生、士兵、流浪汉甚至地痞流氓汇聚其间，茶肆就成了一个不折不扣的小社会。

4. 花茶坊，也叫水茶坊

打着茶肆的招牌开青楼，俗称"花茶坊"，或者"水茶坊"。

茶肆通常设上下两层楼，楼下喝茶，青楼女子的营生在楼上。美女们浓妆艳抹，一个个花枝招展，在门口迎客。如有初次登门的茶客，美女立刻提着茶壶上来倒茶，茶客如果中意便红包打赏，这就叫"点花茶"。接下来，这位美女歌妓开始了陪坐、陪喝继而陪睡的"三陪"服务，不过消费可不低，仅仅一杯茶的打赏就要好几贯。说得好像是笔者亲历过一样，不过这可不是瞎掰，而是被周密先生当成杂史，记录在《武林旧事》里的。

第六节　开家客栈有多麻烦

1. 宋朝客栈不好开

宋朝商业经济发达，人口管理宽松，人员流动频繁，旅馆业因此出现了前所未有的繁荣。与现在私人资本大量介入旅店业不同，宋朝的旅馆大多为官办。数量巨大的官吏经常出差或公费旅游，北宋将驿站的邮政功能剥离出来，按照州、府、县、镇兴建了级别不同的驿、舍、亭、铺，有的是星级宾馆，有的是一般的小招待所。显然，官办旅店不能满足大量的民间需求，于是，私人投资的客栈、民宿便如雨后春笋般发展了起来。

说到客栈，诸位很容易想起十字坡上孙二娘开的黑店。小说难免有虚构的成分，事实上，宋朝的旅店老板非但不敢杀人越货，而且受制于官府的条条框框，动不动就要受到处罚，想做无本万利的生意，想都别想。

宋朝学者李元弼有本书叫《作邑自箴》，书名有自说自话的意思，其实记载的是宋朝为官者的格言。第七卷的《榜客店户》收录了宋朝官府对旅店业的部分规定，不妨拿来看一看。

2. 官员秀才惹不起

首先，每个店常年留出两三间上等客房，洒扫干净，准备新的干净卧具，保证官员和秀才随时入住。当官的要干大事，秀才要赶考，都耽误不得。但问题是，当官的和秀才不可能经常入住，客房不得一直空着？在都市或要道，能接待赫赫有名的大官，空着倒也有广告效应；但是如果生意冷清，常年空着这么两三间，客栈生意还怎么做？

另外，官员秀才一旦住进店里，所有人不得大声喧哗，不得有无礼举动。这一条，老板和店小二倒是容易遵守，要是住了"无赖小儿"或者那种借酒发疯的旅客，客栈的麻烦可就大

画 说 大 宋

了。不过，那时节官威比天大，即便没人鸣锣开道，平头老百姓见着官员也得跪拜施礼，断然不敢造次。

3. 维护和平、救死扶伤

如果旅客连住好几天不走，花钱大手大脚，或者有其他可疑举动，店家要马上前去报官，或者通知最近的捕快前来盘问。维护社会和平与安宁，是每个老百姓的义务，这条规定倒也无可厚非。难怪古代那些落草为寇者，即便发了横财，也不敢走官道住客栈，只能锦衣夜行。

此外，如果有旅客身体不适，店家不但不能将其赶走，还得就近找医生前来瞧病，在当天查明病因并报告县衙；如果有差役抬来病人，客栈必须接待并照此办理，不能以任何借口拒绝接纳。

瞧瞧，客栈老板不但要负责旅客的起居饮食，还得承担救死扶伤的责任。虽然所有费用由官府承担，只要有票据和证人，便可以去县衙领取一定的补偿金，但这活儿费时费力，还影响生意，也真难为客栈了。

4. 监督提醒客商

还有几条"提醒"专门针对做买卖的旅客。

店老板要详细地告知客商，做生意必须找有官方牌照的中介，最好现金交易而不要赊欠，以防受骗上当，交易之前务必纳税，等等。如果店家没有尽到告知义务，导致客商钱财损失、生意拖延，或者偷税漏税，旅店要承担相应的连带责任。

也许你会好奇，客栈老板怎么知道来住店的客人是旅客还是商客呢？那是因为每个客栈都准备了一本"店簿"或"店历"，来者姓甚名谁、籍贯、职业、到何处去、干什么事、携带什么贵重物品等，都要逐一报上来进行详细登记。如果违反登记规定，或者知情不报，对不起，官府会逐月定期查验，一旦发现问题，处罚肯定是逃不了的。

那旅客如何证明自个儿的身份呢？官府会依据户籍给出行的百姓出具"路引"之类的介绍信，如果是官员，则会发放"符节"或者腰牌，虽然这些玩意儿防伪技术很差，无须萧让这样的"圣手书生"出马就可伪造，不过一经发现，处罚也是相当严厉的，除非安心上山当土匪，寻常人宁愿不出门，也不会去冒这个险。

第七节　青楼也得注意隐私

1. 宋朝的青楼业务

宋朝的娱乐业得到了蓬勃发展，有多发达呢？撇开多得令人目不暇接的酒楼、茶肆、剧场、赌场，单说风月场所，在汴京就有一万余家。这些娱乐业不但"丰富"了市民的精神生活，还极大地充实了官府的财税收入。

这里需要强调的一点是，在古代，"妓"并非性工作者的代称，而是从事歌舞表演的文艺工作者，青楼中的从业女子大多卖艺不卖身。

2. 皇帝都是歌妓的"粉丝"

自唐朝开始，宫廷设立教坊，专门管理宫廷俗乐教习和演出。一些女子招进去成为官奴，获得乐籍，成为乐户或官妓。白乐天遇到的那位琵琶女就是其中之一。到宋朝，这些妓细分为"官妓""声妓""艺妓""商妓"，当然还有不被官方认可的私妓，她们一个个才貌双全，谙熟琴棋书画，优秀者往往成为男人们的追逐目标，其"粉丝"不乏王侯将相、达官贵人。如唐代的薛涛，不但成都的地方权贵争相示好，就连京城长安的政要也不远千里前来一睹芳颜；在宋朝，大文豪苏东坡经常光临这些风月场所，但只喝酒唱曲，吟诗作画；宋真宗曾将歌妓刘娥纳为小妾，继位后将其册封为皇后；"汴京四大名妓"之一的李师师，更是让宋徽宗神魂颠倒，三天两头不着家。

3. 妓沦落为娼

当然，不是每位"妓"都能出类拔萃、名利双收。相反，由于地位卑贱，她们中间能够"老大嫁作商人妇"已经算是比较幸运的了，绝大多数妓最终都慢慢沦为性工作者——"娼"。

因为情非所愿，加上宋朝儒家礼教占据正统，性交易被视为伤风败俗之举，所以为娼只能遮遮掩掩。

宋徽宗政和年间（1111～1118），更出台了关于男妓的禁令——如果非要做这行，就要做好接受杖刑的准备，打上一百棍，屁股开花是肯定的。

不过，只准自己狎妓，不许百姓为娼，徽宗老儿也真逗！

4. 青楼以粽叶栀子灯为标记

一方面礼教世俗不容，一方面官府假意遮掩，那些真正经营皮肉生意的青楼好歹得配合一下，不然上下都不好交代。怎么配合？还是在灯箱广告上做文章。

自古有"灯红酒绿"之说，要找乐子，就先找红灯笼。圆的不成，方的也不行，得找形状奇特，类似栀子果实的栀子灯。

话说那宋朝男子酒足饭饱，走近立有栀子灯的酒楼，劈头撩开门帘，张口便要"特殊服务"，却指不定会被小二骂出去：

"去去去！咱这儿有姑娘，也可以'三陪'，但都卖艺不卖身，要想快活啊，找别的地儿去。"

"怎么？门口灯笼半人高，六棱六角，一个个大红栀子，你当我眼瞎呀！"

"客官，您瞧好了，咱这门口倒是栀子灯，可上面没盖粽叶啊！"

"呦，还真是。"

"哎，等等……"

小二哥凑上去一阵耳语，男子眉开眼笑，躬身进了里屋。

通过此番对话已经大致明白，这个酒楼虽然也摆放栀子灯，但灯上没有粽叶覆盖，那就不是红灯区。不过，酒楼有歌妓陪酒伴唱曲儿，如果需要"特殊服务"，自己和女子谈好，然后去她住的地方……

　　说得明白些，宋朝有专门的"红灯区"，以门前覆盖粽叶的栀子灯为标记。至于盖粽叶是不是取"欲盖弥彰"的意思，未可知也。兼营暗门子生意的酒楼，外设盖粽叶的栀子灯，屋内则隐藏可供寻欢作乐的卧床，美其名曰"庵酒店"。有男妓的场所则有另一个风雅的名字，叫"蜂窠"。窠者，巢也！此名从哪方面得来，实在不敢深究。

第八节　多功能的宋代酒楼

1. 夜深灯火上樊楼

　　20 世纪 80 年代末，开封人搜罗查证，费尽百般心思，在宋都御街建起了一座仿古建筑，北宋首府汴京七十二家酒楼之首樊楼重出于世。

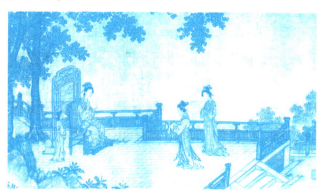

南宋·马和之《宋高宗书女孝经马和之补图卷》（局部）

　　时过境迁，仰望雕梁画栋，依然可以想象：灯烛晃耀的珠帘绣额之下，满座宾客觥筹交错，明暗相通的飞桥栏槛之间，权贵歌妓欢颜酬唱。真可谓：

> 梁园歌舞足风流，
>
> 美酒如刀解断愁。
>
> 忆得少年多乐事，
>
> 夜深灯火上樊楼。

《清明上河图》里也有一座酒楼，名叫"孙羊正店"，规模比樊楼小得多，但门上扎起三层楼高的"彩楼欢门"，装饰了五彩的布帛；大门足有四五间门面房那么宽阔，门口红权一字排开，四盏半人高的大红灯笼稳稳伫立。虽然画中看不到酒楼内部的装潢陈设，但凭借南宋人的《梦粱录》可以遥想，大堂定然灯火通明，花木繁茂；楼上有齐楚阁儿，宽阔的廊道上，彩烛灼灼，几十位浓妆艳抹的歌妓笑语盈盈，时刻欢迎客人们的到来。

2. 正店需有酿酒执照

汴京有各种酒楼上万家，要喝酒太容易了。不但大都市，即便深山老林的景阳冈，也可以供应正宗的"透瓶香"。

遍布城乡的酒肆，需要大量的酒，酒则来自发达的酿酒业。宋朝农业发达，粮食供应充足，足以支撑庞大的酿酒业。《宋会要》里说，宋神宗熙宁九年（1076），"在京酒户，岁用糯米三十万石"，可见其耗费巨大。宋朝有酒200多种，但都是低度酒，酒精度与啤酒差不多。因此，那些梁山好汉才能动辄大碗豪饮，如果兴起，对着酒坛牛饮也不在话下。

画说大宋

26

问题来了，既然酒楼饭馆都有酒卖，为何孙羊正店要在门前立一尊"香醪"的灯笼呢？原来，宋朝禁止私人酿酒，由官方指定专酿专卖。酿酒作坊需要去官方买来酒曲，酿多少，酿哪种，该交多少税费，都由官府说了算。酒楼则分正店和脚店，脚店不能自己酿酒，只能去正店那里批发来零售，正店可以自行酿造。因为执照办得艰难，开支又大，还得负责酒类批发，孙羊正店当然要大张旗鼓地亮出"酒"字招牌了。

3. 酒楼的服务

孙羊正店这样的大酒楼自然服务上乘，小二哥笑脸迎客，报菜名、点菜，对答如流，稍有不周便会受到老板的责罚。酒楼还配有业务熟练的酒博士，他们既是服务生，又是促销员，客人喝得越多，老板给的提成越多。

店面装潢如此精美，排场如此宏大，卖酒之外，如果只接待一些散客，收点包间费，也太不值当了。酒楼还有另外一个增值服务——歌妓陪酒。上一节说过，该店的栀子灯没有粽叶，不提供性服务，但会有合理合法的"三陪"服务。

打扮漂亮的青楼女子候在廊道，客人看上谁，便让酒博士叫"某某号"前来歌舞助兴，美其名曰"点花牌"。酒意阑珊，醉眼迷离，莺啼燕语，歌舞升平。

至于举子要托官宦的门路，商人要谈成某项生意，非得不惜血本找来明星头牌歌之舞之。有了美女助兴，酒的销量倍增，而客人酩酊大醉之后，自然就会打开钱包，各大酒楼因此赚得盆满钵满。

有酿酒执照的酒楼，一旦有新酒上市，还会雇请名妓作形象代言。每逢新酒酿成，酒楼会打出大幅广告，注明酿造大师的名字、酒的成色香味，当然少不了要请来官妓、私妓和鼓乐吹奏班子，沿大街一路锣鼓喧天地广而告之过去。

美人衬美酒，不饮自醉，让人浮想联翩，美酒品牌也就深入人心了。

第九节　税官的腰板硬不起来

1. 宋朝税官看起来有点怂

历朝历代，税官替国家收税，不但身份特殊，工作荣耀，且因近水楼台而待遇丰厚，但在宋朝是个例外。

28

《清明上河图》里，离城门最近的一间铺面，正中案桌上摆放了文书，一名男子坐在桌前，头戴乌纱，身穿长衫，正跟另一位男子谈事，众目睽睽之下，谈的当然不是私事。

男子旁边有一杆大秤，背面墙壁上张贴巨幅的"税物"告示，哪些货物该收多少税，国家都有明文规定，

《清明上河图》（局部）

一目了然。门外有捆扎整齐的货物，旁边是两位搬运工……

到此，我们大概明白了，这是官府在对货物征税。根据货主、搬运工的神态来看，分明在与税官据理力争。

有人要说了，皇粮国税历来都是朝廷的金科玉律，小老百姓哪敢申辩，况且大宋朝的所有"常税名物"就张贴在税官办公室，税官这里岂能讨价还价？

2. 在官僚金字塔的下层

宋朝的"税物"的种类虽然有法律条文规定，但货物的轻重、成色却只能当场判定，而蔬菜生鲜、家禽牲畜之类，价格更要根据时令变化做出调整。因此，宋朝的税官必须到市场一线，直接与各种商贩打交道。

如果是酒税官，每天一大早便要来到酒务办公室，充分"享受"满屋的刺鼻酒味，还要被上百名前来批发官酒的酒贩围得密不透风；更别提分派到鱼市、牛羊马市的税官，上半天班，准保一身腥臊恶臭，非得熏香半个时辰。

说来未免矫情，那些整天与市场打交道的工作人员难道不活了？入鲍鱼之肆，久而不闻其臭。问题在于，这些税官往往是饱读诗书的知识分子，许多如雷贯耳的名人在早先都做过税官，比如晏殊、范仲淹、包拯、苏辙、黄庭坚……这个名单足可列出一长串。

"书中自有黄金屋，书中自有颜如玉"，为何偏偏要让这些科考中举的知识分子去面对君子所不齿的各种市场？举子们在进入官场之前，必须去税务或其他经济部门"实习锻炼"，有了这段履历，才能继续升迁。

因此，这些从小接受儒家教诲的未来官员，抱着"齐家治国平天下"的伟大抱负，便心甘情愿地咬紧牙关苦熬两年，以便以最佳表现获得朝廷的赏识，尽可能更快地进入官场。

3. 不敢得罪商贩的"监当官"

客观上，宋朝非农业税占 70%，其中商税占了大部分——货物的住税为 3%，要出入关镇、城门还得缴纳 2% 的过税。出钱多的就是大爷！同样是做买卖，客栈老板却要为贸易商免费提供中介、宣传防骗等服务。

政府在工商业那里得到大把银子，设立了大量的经济部门，比如酒务、盐务、商税务等。它们一方面是管理，一方面提供各种商业服务。在这些经济部门中，各种公务人员统称"监当官"，分管工商、税务、质检、卫生等。

宋朝的监当官总数保持在 3000 名以上，在各级政府中占有相当的比例，在一些经济繁荣的州县更是占据官员总数的一半，有时比开国初期增加了三四倍。

后人批判宋朝冗员太多，实际上多出的是经济部门的小吏，他们不敢得罪商贩这些衣食父母，更要接受督察部门的考核，因此绝无可能飞扬跋扈，只能夹着尾巴老老实实埋头苦干。

第十节 通宵达旦的夜生活

1. 宵禁是这样消失的

唐朝的城市严格按照坊、市分开，封闭管理，同时实行严格的宵禁制度，朝廷专门出台了《宫卫令》：晚上时辰一到，闭门鼓敲完，所有住家店铺都得马上关门闭户，街上除了巡逻军士，一片死寂。不过，在远离皇权的江南，宵禁会偷偷地"打开一点窗口"，老百姓"有点阳光就会灿烂"，马上将夜晚过成白昼，于是有了诗人王建笔下的扬州夜市："夜市千灯照碧云，高楼红袖客纷纷。"

假如诗人活在宋朝，那该诞生多么璀璨的章句！

不过在建国之初，宋朝在汴京依然残留坊市制，不但做生意的地方与居民小区分开，各个小区也用围墙隔开，到了晚上照例关门上锁。

很快，城市人口膨胀起来，原来的小区无法容纳更多的居民，禁锢不了太多的向往，人们破墙开店、私搭乱建的情况愈演愈烈。市民被手头几个钱烧得心慌慌的，晚上睡不着便三三两两到街上溜达，据说太宗和真宗还试图恢复宵禁，但哪里禁得住，到了仁宗时期，夜晚的汴京简直成了喧闹如白昼的不夜之城。

2. 开放城市活力四射

宵禁制度无疑违背人性和自然法则，现代社会，通常只有战争或国家出现紧急状态时才会实施。北宋顺势而为，不但取消宵禁，还允许开放夜市。图画里看不到夜市的灯光，但可以通过店铺门前的灯笼和"灯箱广告"想象夜晚的繁华。

夜幕慢慢降临，汴京城的州桥、马行街、樊楼门前、朱雀门外等地次第点亮灯笼火烛。夜市就像夏日的阵雨，在不知不觉之中喧闹起来。

宋朝青白釉香薰

最繁荣的要数马行街，满街烟火呛人鼻息，来往的车马经常拥塞街道，一座座酒楼灯火辉煌，各种叫卖声此起彼伏。

夜市的出现使得人们可以不分时间地点经营和消费。人来客往，生意兴隆，真正具有活力的城市出现了。

3. 夜市是老饕的福音

从北宋开始，全国人民终于可以吃上一天三顿饭了，在这以前，所有人包括皇帝，每天都只吃两顿饭。

放在前朝，人们天黑便睡觉，辘辘的饥肠只能去梦中寻求补充，现在好了，可以去夜市找吃的去。

有些什么好吃的？那可太多了！天上飞的，地下跑的，水里游的，应有尽有。嫌酒楼太贵，还有各种脚店、小吃摊，花钱不多还管饱。"羊头、猪肚、白腰、鹅肝、卤兔、烧鸡、螃蟹、蛤蜊……"，整个一"报菜名"。这景象，现如今的北京簋街，也难得一比。各种饭后零食应有尽有，酥蜜糖、枣糕、柿饼、糖油果子……只恨自己少长了一个胃。

4. 夜市是购物的天堂

古人的心理与当今人们的一样，总以为夜市的东西比白天便宜，小摊上的比店铺里的便宜，因此夜市的生意格外红火。

汴京的夜市直到三更方才作罢，紧接着又是早市，甚至还有二手市场。在烛火、油灯的照耀下，市场上的商品应接不暇，香药薰炉、纸蜡香烛、柴米油盐、五金百货，当然少不了女人喜欢的针头线脑、香粉腮红……

女人大方地逛街，一番采购之后"笑语盈盈暗香去"，又给夜色增添了许多瑰丽的想象。

5. 夜市的娱乐不打烊

茶坊、酒肆等高档消费自不必说，那是有钱人去的地方。在汴京，花很少的钱，甚至只带一双眼睛、一对耳朵，也可以在夜市玩得风生水起。

汴京城里的大型娱乐中心就有桑家瓦子、中瓦、里瓦等地，其中有大小勾栏（剧院）50 余座，这些地方说书、音乐演奏、舞蹈、杂技、戏剧、相扑、傀儡戏、皮影戏，天南海北，什么稀奇古怪的玩意儿都能看到。

瓦子除了满足精神需求，还提供卖药、算卦、赌博、小吃、剪纸等服务活动。宋人真是幸福，揣几贯小钱，邀约几个伙伴，足可以在勾栏瓦肆痛痛快快地玩上一个晚上。

夜市不仅仅具有市场交易的功能，还打开了人身的枷锁，抚慰了疲惫的心灵，大宋朝因此轻松而开放地走向封建王朝的盛世。

画⑱大宋

第二张画 │ 《货郎图》

南宋·李嵩《货郎图》

背景介绍：

绘者：南宋　李嵩

规格：25.5 cm×70.4 cm　绢本，设色

南宋画家李嵩创作过多幅货郎图，分别藏于北京故宫博物院、中国台北故宫博物院、美国堪萨斯州阿肯博物馆的尼尔逊美术馆及美国纽约大都会艺术博物馆，此画现藏于北京故宫博物院，其余均为小幅。

全图描绘了老货郎挑担将至村头，众多妇女儿童争购围观的热闹场面，体现了南宋时钱塘一带的风土人情。此画细劲线描，生动传神，在中国古代美术发展史上有着重要的意义。

第一节　小货郎也是内外有别

1. 宋朝才有的小货郎

　　现代社会，外卖极大地方便了我们的生活，但外卖也并非现代所创，宋朝时已有了送货上门的业务。只听"叮叮咚咚"的拨浪鼓响过，紧接着一声悠长的吆喝："针头线脑，油盐酱醋，胭脂水粉喽——"妇女儿童闻风而动，将村口树下的货郎和货担子团团围住，一场热闹的乡村购物活动正式开启。

　　在世纪之交的我国城乡，同样的情形依然存在，只是随着电商不断"攻城略地"，走乡串户的货郎才渐渐绝迹。幸好有了画师，远古的场景被留存下来，一幅幅《货郎图》记载了历朝历代的民间风俗，而仅南宋的李嵩一人就有多幅同题作品。

　　就现存的画作来看，宋朝以前并未出现专职"小货郎"。不过，早在4000多年前，黄河流域的原始部落"商"发明

明·计盛《货郎图》

了马车和牛车，"商人"们驾着车，装载一些吃不完的粮食和菜蔬，与其他部落做起了买卖。

商部落建立商朝之后，人们慢慢地将生意人叫作"商人"。那时，身为商人是很荣耀的。到了春秋时期，商人还属于"工商食官"，走的是国家编制序列。

然而，我国古代长期以农耕为主导，老百姓自给自足，不需要更多的买卖也能把日子过得有声有色。渐渐地，那些商人反倒被视为"不务正业"，成为下九流一类的底层人物。

直到宋朝，手工业迅猛发展，大量商品需要买卖，类似货郎的流动摊贩才多了起来，慢慢地走进寻常百姓的生活。

2. 货郎也分贵贱

货郎卖的东西再多，也不过一副货担子，经营的终归是小本买卖，整日里风里来雨里去，赚的都是一点可怜的辛苦钱。他们日子过得紧巴巴，不但对妇女孩童这些"上帝"赔尽笑脸，弄不好还要遭受"地头蛇"的奚落和讹诈。

李嵩笔下的货郎都衣着朴素，不但货担满满当当，就连身上也缀满了各种小商品，还挽起衣袖，做出一副讨好顾客的表情。同样是货郎，到苏汉臣的画中却皂靴彩衣，穿戴十分华丽，货担子也换成了彩绘的手推车。

按理来说，李嵩画的货郎在经济更为发达的南宋，应该比北宋更好赚钱，为何舍不得吃穿，并且看起来要比前朝同行承受更大的生活压力呢？下文自有分晓。

3. 货郎其实还是那个货郎

从后蜀开始，我国便有了画院，大画师"传帮带"，将书画艺术渐渐推向高峰，但也出现了一个问题：模式化。同一个题材，老师画了徒弟画，徒弟画了徒孙画，比如《清明上河图》这样宏大的卷轴，就有宋本、明本和清院本三种版本。

一个小货郎题材，从宋朝开始一直画到当代，而宋元明清时的许多画家，更像一个师傅带出来的，画作都模式化了。

李嵩与苏汉臣同样都在画院待过，他的画难免受到这位苏前辈的影响。粗粗一看，他画的《货郎图》，包括那幅著名的《市担婴戏图》，还有李公麟的同题作品，都是一群妇女、儿童围着货郎，连货担子、各种商品也都相似。

4. 宫廷内外差别大

既然画的都是货郎，并且二者是同事，为何李嵩与苏汉臣笔下的人物差别很大呢？

李嵩做过木匠，是个苦出身，关注更多的是民间题材，画的是活跃于乡野之间的商贩。而苏汉臣很早就进宫担任皇帝的艺术顾问，表现的是宫廷里的行商，他的货郎不但衣着华美，顾客的形象也是妇女丰韵、儿童白胖，绝非寻常家庭之人。

皇帝三宫六院，妻妾成群，还有数不过来的宫女、黄门、帮佣，这可是一个庞大消费群体。进宫做买卖的机会难得，小货郎敢不穿得体面些，敢不将货品置办得鲜亮齐整一些吗？

在《明宪宗元宵行乐图》中，也有四位穿戴整齐的"货郎"，在侍卫的"监督"下做生意。明朝皇宫禁卫森严，按理是不允许货郎入内，但恰巧遇到喜欢画画的明宪宗，既然画师说缺几个货郎，那就安排几个进来"摆拍"一下，算是与民同乐吧！

第二节　卖货还得会演戏

1. 货郎唱的什么歌

《货郎图》中的小商品多得令人目不暇接，具体有多少，一时半会儿也数不过来。好在李嵩已经标注，足足 300 件。两个货担子里外上下全是小东西，外面就像草船借箭般插满，货郎的头上、胸前、手腕也都成了展示区。

有人纳闷了，这么多的货，货郎活动都成问题，还怎么去乡里送货？

有人还对宋朝的货郎做过专门考证：货担子要么是支架式的，便于货品的摆放展示，要么是箱柜式的，容量很大；货郎的穿着打扮简单朴素，方便在乡间行走，绝不会花里胡哨；大多数货郎在城市及周边，毕竟这些地方消费者多，钱来得快。

李嵩的这位货郎，一手摇拨浪鼓，一手还得招呼小儿，嘴里似乎不停地吆喝着什么。

此时，有人搬出《水浒传》第七十四回，那燕青为进汴京城，装扮成一位山东货郎，为保证不穿帮，宋江要求他试演一下，燕青便"一手捻串鼓，一手打板，唱出货郎太平歌，与山

39

东人不差分毫来去"。

　　既会乐器，又会唱曲儿，这哪里是什么货郎，分明就是演员嘛。

2. "货郎" 可以成为专职演员

　　宋朝货郎摇动鼓儿，打起板儿，嘴里一连串地吆喝："滴珠耳坠、蝴蝶簪儿、龙首钗子、珠翠花、梳背儿、珠帘儿……"

　　唱得熟稔，合辙押韵，莫不就是一支上好的曲儿。

　　古代人常把劳动号子谱曲传唱，市井叫卖之声本来悠扬婉转，稍微修饰加工就成了曲牌，在勾栏瓦肆广为演唱，根本不存在什么版权之争。就这样，一种说唱艺术从小货郎的叫卖声中慢慢成熟起来，曲子就叫"货郎儿"，或者"货郎太平歌"，也叫"货郎转调歌"。燕青学唱的就是山东货郎的叫卖调，到了清朝，类似的叫卖吆喝还被收进了专门的曲谱。

南宋·李嵩《货郎图》（局部）

　　"货郎"逐渐成为一种表演形式，而货郎由村头巷口的群演变成了专职演员，在宋元时代还很是风光了一阵。

南宋组建有专门的"货郎"舞队，某个酒坊出了新酒，某个茶肆开业，或可被请去做一次广告活动。到了元代，"货郎儿"进了杂剧，成为一种说唱职业。

3. "戏精"实在有些无奈

宋孝宗隆兴二年（1164），中央财政吃紧，体制内的"教坊"被撤销，如果有大型活动便去民间招用演员组建临时歌舞团。多才多艺的货郎们因此可能有出名的机会，但这个群体太大了，正如横店的庞大群演队伍一样。绝大多数货郎不得不将自己变成杂耍艺人，卖力的表演只为逗乐妇女儿童，以便销售出更多的货品，赚取养家糊口的微薄利润。

李嵩画中的几位货郎，都已经卸下货担子，将商品取出来，或挂，或插，或缀，尽可能充分利用每一点空间，给予顾客更佳的展示。那些装着酱、醋、酒、茶的瓶瓶罐罐，在箱笼中逐层摆放整齐，等候主妇们挑剔地讨价还价。一切准备妥当，货郎才取出拨浪鼓，唱起早已谙熟的太平歌，手之舞之，足之蹈之，逗得小儿们哈哈大笑。高亢的唱腔也是悠扬的广告词，吸引了远近的家庭妇女。

锅碗瓢盆、吃的用的、穿的玩的、涂的抹的……小小的市集结束之后，货郎慢慢地将一分一毫清点完毕，挑起货担再次走向另外一个陌生的村镇。

第三节　花样百出的节庆货品

1. 送来年货的货郎

货郎的小商品真有 300 件？实在太多太杂了，并且花哨的多、实用的少。货郎难道不懂得精简，尽量卖些紧俏畅销货以节省脚力？

对此，有人说画家采用了夸张手法，或者原本就是戏曲版的货郎，更为靠谱的说法是：这是元宵节前的货郎。

人类自古以来似乎都有在节假日集中采购的习惯。笔者小时候多次赶圆满场（集）——阴历年的最后一个场，市场上货品会增加许多，还有许多日常见不到的节庆货品，如春联、烟花、爆竹，以及糖酒、茶叶等。市场上的顾客更是人山人海，既是市集，也是一场热闹的聚会。

李嵩的画中，一边八人，一边七人，外加四只小狗。妇人抱着孩子，孩子有

明·吕文英《货郎图》

的衔着吃食，有的欢呼雀跃。年节来临，农活与家务减少，妇女前来购物，而孩子们得了空，提前的欢娱已经开始了。

2. 年货投其所好

在举国弘扬道教和佛教的宋朝，到了年节，人们首要考虑的是安神谢土。神仙们都安顿好了，才会保佑主家风调雨顺、人畜平安。

货郎自然明白在神仙上做文章，货担子上插满写有"奉诵仙经""明风水""守净"的符咒和幌子。人们将它们买去，用于祭祀、敬神，或者表达某种祝愿。当代一些山乡还延续这样的风俗，为表示虔诚，这些东西一般由人们亲手制作。

货担上还有一把蒲扇，上书"旦淄形吼是，莫摇綮前程"，这应该是"但知行好事，莫要问前程"，在没有推广普通话的古代，这句话就入乡随俗地变成了江浙方言。扇子可以作为道士的道具，一般人也可以买来故作高深地装一回半仙。

3. 让灯笼戴在头上

赶集，孩子们大多凑热闹，大人们则永远忙碌地采购。

开门七件事，"柴米油盐酱醋茶"，货担的箱笼格子里都有，货郎更醒目地注明了"黄米""酸醋"，还缺点什么，货郎赶紧一次性补齐了。

要过年了嘛，得图个喜庆，造个气氛，灯笼是不可少的。货郎早已想到，担子上斜插竹枝，上面挂一盏绘了图、缀着花饰的小"花灯"。类似的小球灯在货架上还有很多，而妇女顾客的头上也有一支。年节点花灯，气氛倒是有了，可那玩意儿贵，一般老百姓消费不起，聪明的宋人便发明了比乒乓球还小的微缩版灯笼，有的变成毛绒头饰，让妇女们戴在头上，还取了好听的名字：珠翠、闹蛾、玉梅、雪梅、雪柳……

顺便来看，辛弃疾的《青玉案·元夕》里那句"蛾儿雪柳黄金缕"就非常直观了。原来，他眼里五彩缤纷的世界，只不过是美女的头饰。

4. 小儿牛马都要平安

货郎挂上一只写有"医牛马小儿"的灯笼，将一个有眼睛、牙齿和耳朵的招牌套在脖子上，身上还佩戴一个"病"字小圆牌。他这是要干吗呢？治病吗？既是兽医，又会儿科？宋朝对"野医"可是管得非常严格的，货郎做一回兼职演员可以，但要同时医治畜生和儿童显然是不大可能的。

老百姓过年过节，最大的事莫过于全家平安，而在古代，有借外人带走疾病灾祸的习俗。货郎为了扩大销售，主动带上道具，为消费者祛病消灾，这也太周到了。既然人家把一年的病痛灾害都带走了，老百姓还有什么理由不照顾生意呢？

第四节　跨行业的买卖

1. 货担上的鸟生意

中国养鸟历史悠久，但大多是有钱人的雅好。"提笼架鸟满街溜"，从来都是纨绔子弟的写照。但要想在南宋的贵族圈里混个名堂，不会吟诗作画可以装哑巴，不会"提笼架鸟"可是硬伤。

非但富贵人家，南宋的寻常百姓也喜欢养鸟，有的是玩儿，有的是为了放生。在不同画家的《货郎图》里，鸟儿、鸟笼、鸟食罐或者羽毛都是必不可少的素材。李嵩画中这个货担子的最上方，一只喜鹊站在木杈上，脚上还系着一根细绳，显然是一只活鸟。木杈下方还挂着一只鸟笼，从毛色来看应该也是喜鹊。

喜鹊能报春，它也是普通鸟儿，身价并不金贵，老百姓可以花不多的钱，在年节之际奢侈一次，满足一下自己的雅兴。

南宋的村镇店铺很少，更不可能有专门的花鸟市场，货郎也就顺带做起了跨行业的宠物买卖。

2. 养鸟是闲得慌的雅事

王公贵族闲着没事，总得鼓捣一些新奇的消遣玩意儿，各种惹人喜爱的飞禽便成了座上宾。

唐人风行养鸟，宫廷还总结出了专门的玩鹰之法，杨贵妃将最珍爱的鹦鹉取名"雪衣娘"。

南宋·林椿《枇杷山鸟图》

到了宋朝，养鸟之风有增无减。鹤因道教受宠，宋徽宗与李白一样喜欢白鹇。南宋时，养鸟已经发展为一个产业，捕鸟、繁殖、驯鸟、制作养鸟用具等，产业链不断地延伸。

有一种鸟儿，现代很多，古装影视剧里也常见，但名字不好认，叫"鸲鹆"，多亏了南唐主李煜，将它改名为"八哥"，或者干脆就叫"八八儿"。八哥的翅膀上有白色羽毛，飞翔的时候显出"八"字形状，可能是它名字的由来。早在南北朝时期，人们就发现这家伙会模仿人说话。在南宋的扬州，人们广泛笼养八哥，好生调教，争取能卖个好价钱。

除开八哥，还有画眉，宋话本《沈鸟儿画眉记》讲了临安府一位擅长养鸟的大师"沈鸟儿"，为了一只珍稀画眉鸟而丢掉了性命。

46

3. 养鸟可以养活一个产业

鸟儿越珍贵越能显示养鸟人的身份，鸟笼和鸟食罐也必须标配。货郎的担子上有鸟笼，很粗劣，箱笼里的瓶罐中想必会有鸟食罐，可能也不会高档到哪里去。

鸟食罐就是一个小罐儿，材质有木、竹、石，一边有环状口，方便固定在鸟笼上。有钱的主儿会购买精美的陶瓷罐儿，以龙泉窑和景德镇官窑所产为最佳。

我国制作鸟笼的历史非常久远，到宋朝，鸟笼的制作技艺已非常高超，出现了一些专门制作笼具的作坊。笼子分为南派和北派，有竹、红木、紫檀、黄花梨等材质，有的纯手工制作，无一丝拼接痕迹，配上金属挂钩，就是一件精妙绝伦的工艺品。

笼因鸟贵，鸟因笼显。一只上等鸟笼，相当于当代的劳力士，那是身份和地位的象征。

据说南宋最后的皇帝最爱白鹇，当丞相陆秀夫背上他投海时，鸟儿悲鸣不已，在鸟笼中使劲碰撞，居然让笼钩脱离了挂杆，鸟儿坠入大海自杀身亡。白鹇被后人尊为"义鸟"，还有人修建鸟冢以作纪念。

这当然是传说了。唉，国之不存，鸟将焉附！

第五节 禁榷专卖保护弱势群体

1. 禁榷专卖由来已久

如果你不是烟民，根本感觉不到专卖的影响。那是因为我们处在一个繁荣且开放的现代商业社会。

近代以来，烟、茶、糖、酒、火柴、棉花、石油等商品分别在不同国家实施专卖，这些商品要么可以征收高税，要么就是紧俏货和战备物资。

事实上，专卖这事一点也不稀罕，早在春秋时期的齐国，管仲就以国家控制山林川泽的"管山海"思想，对盐业、矿产等实行专营，获取丰厚的财税，帮助齐国完成霸业。

专卖有利，并且有大利。各个朝代都会实行不同范围的商品专卖，为此还专门找了一个字"榷"。"榷"的本意是受人操控的水上木桥。想对某种商品实行专卖，就加一个"榷"字，如榷盐、榷铁、榷茶、榷酤（酒）等。但禁榷对官方榷而不禁，只对百姓禁，要吃盐、品茶、喝酒，对不起，先要把税交足了再说。

宋朝将禁榷专卖推向巅峰，涵盖的商品除开食盐、茶叶、酒类、矿产，还有进口商品和边贸。朝廷设立专门机构"榷货务"，管理京城和地方的专卖事务。

宋朝热衷禁榷专卖，统治者盯住的不仅仅是丰厚的收入，也还有一些便民的考虑，小老百姓因此也得到了一些实惠。

2. 让利于民

因为那个著名的"载舟覆舟"理论，唐太宗被誉为封建王朝的千古明君，但他和继承者在减轻农民负担方面做的实事，真心不如宋朝的皇帝做得多。

在古代，农民最大的负担是田赋和田租，前者交给国家，后者交给"地主"。

北宋农民的直接负担大大减轻，政府不但减少了租税，遇到灾荒和战乱还给予一次性减免。在北宋中期，每个农户家庭对公田的实际田税为1.5石，折合118.4千克。注意！是每户，而唐朝是每人！按规定，没有土地的佃户将收成的一半上交佃租，但往往可以"拖欠"，实际佃租远远低于一半。轻徭薄赋，农业突飞猛进，老百姓荷包里有钱了，这也带动了工商业和城市的迅猛发展。

49

3. 禁榷保护了弱势群体

宋朝政府没有一门心思放在农民和土地上。宋朝的开国皇帝出身行伍，而历代继承者与他一样重视商业经营，在"靖康之变"中上位的宋高宗更认识到了商业的巨大价值。他认为贸易可以带来丰厚利润，如果加强管理，就可以轻易获得上百万的收入，这比直接从农民手里征收赋税强得多。在以商为耻的封建社会，这样的思想不可谓不先进。

在商业思想的指导下，政府放松了对田赋的依赖，转而对多种商品实行禁榷专卖。为了保证专卖制度的执行，决策层加大了立法力度，开国初期便制定出《宋建隆重详定刑统》，编纂了《建隆编敕》等，使专卖制度有法可依。

禁榷专卖的实施，有效地防止商业大鳄垄断，可以保证让利于民，还利于国。说白了，开店做生意，大宗贸易，哪怕搞房地产，只要正经纳税，不影响专卖，大可以放开手去折腾。好赚钱、赚大钱的行当都被官府垄断了，商人们再有能耐，总不能在稻田里种出金条来。

那么，老老实实地当个小货郎，或者开个小店，衣食无忧，安享太平可好。

第六节　岁币换来的外贸

1. 雨后春笋般的榷场

50

在陆上，宋与辽、金、西夏、蒙古等政权接壤，双方都在边境设立了互市的榷场。

太祖建国不久，南唐还没有征服，那先在汉阳等地设立榷署，把生意做起来再说。太宗继位，很快与辽国发展贸易，辽也在南边设立榷场。

979 年，太宗兴兵灭掉北汉，开始了与辽长达 25 年的战争，双方各有胜负。

1004 年，宋辽在澶渊展开一场激战，辽军由萧太后和圣宗皇帝率领，宋这边则由真宗御驾亲征。辽方损兵折将无力再战，宋方担心京城不保，双方最终达成"澶渊之盟"。

按照合约，宋每年向辽国交 10 万两银子和 20 万匹绢的岁币，折合铜钱 30 万贯。多不多呢？征方腊班师时，朝廷给武松个人的赏钱是 10 万贯。虽然小说有虚构成分，但国家之间，30 万贯确实只能算些微代价。

宋辽双方礼尚往来，互通使节，因为战争关闭的边贸重新开放。宋朝的四个榷场在今天的河北雄县、霸州、徐水、徐水西，辽方也在河北新城东南开放了榷场。

那以后，宋与夏、金、蒙古分别设立了互市的榷场。绍兴和议之后，南宋更在今天的江苏、河南、安徽、湖北等地与邻国地区互设榷场二三十个，边境贸易十分活跃。

2. 榷场生意这样做

与北方各国的边贸往来中，宋主要输出农产品和手工业制品，如粮食、茶叶、布帛、瓷器、漆器，以及从海外转运的香药、珠宝等。辽、金、西夏等地则将牲畜、皮货、药材、珠玉等输送给宋。

既然是边贸，生意得先由政府来做，剩下的才交给私人。买卖必须放在榷场里，纳税是首要的大事，商人还得向官方中介机构交一笔中介费，申请"关子""标子""关引"等通关文件。小商人要想出关，得找 10 人组队，每次还只带一半货物去对方榷场交易；大商人可以留在榷场，等对方的商人过来谈生意。

无论大小商人，都只能通过官方中介做买卖，如果发现有人私下做生意，没收货物、罚款是小事，弄不好边贸资格都要没了。

3. 赚不赚钱是小事

宋朝设立榷场主要是从政治和军事考虑，收取的税率很低，如对卖往金国的货物只征收 0.5% 的税，与国内商税相比低得离谱。但由于贸易总额较大，榷场税总额也不少。比如，对辽货物的榷场税每年差不多 40 万贯，抵消岁币支出后还有剩余。

宋对北方的贸易长期处于"出超"地位，特别是辽国为与宋贸易消耗了大量本币，越来越多地使用宋朝钱币。最后干脆不铸币了，辽国直接使用宋币，结果将经济命脉拱手相送。如果宋朝出现一位"索罗斯"，那还需要什么战争，直接就将辽国废掉了。

与在国家财政中占比很小的税收相比，榷场的另一较大用途在于物资管控。

北方地区的战马，宋朝的铁器、火药等军用物资，以及漆、铜钱和一些书籍，通常严禁出境。南宋政府还严格管控北方市场上的紧俏物资，如生姜、陈皮等普通中药材和茶叶等需求量大的商品，以此为国家赚取更多的利润。南宋人可千万别打偷渡和走私的主意，因为朝廷专门设立了边防巡捕机构，一旦抓住就可能被充军流放，麻烦可就大了。

宋朝在战争交锋中屡尝屈辱，却在榷场贸易中处处占据上风，在经济与文化方面保持着优势。只说茶马贸易，宋可以不要马匹，但吐蕃、西夏不可一日无茶，宋朝便利用茶叶等生活必需物资，赢得了外交上的主动权。

第七节　宋朝生意人的幸福生活

1. 商人长期地位卑贱

中国在春秋战国时期出现经济活跃期，涌现出了一批世界顶级商人，如陶朱公、子贡、白圭、卓氏、吕不韦等，个个都能跻身全球富豪排行榜前列，还可以在政治、文化等领域指点江山。但之后漫长的历史中，商人的日子就不大好过了，虽然也出现像董贤、石崇、胡雪岩等富可敌国的商业巨擘，但他们难免官商勾结、投机倒把，吃相不佳，最终也难逃失败的结局。

陶朱公也好，吕不韦也罢，不但私人财富堪比国库，还隐隐对皇权构成了威胁，皇帝老儿当然不能坐视不管。

商鞅心狠，一纸《垦草令》，终止了中国商人的黄金时代。为了多打粮食，多收田租，秦国以法律禁止农民买卖粮食；商人或"商二代"整天"游手好闲"，统统发配戍边；如果胆敢偷偷做生意，一旦抓住，注销户口，列为贱民。

汉朝的政策有所松动，但生意人必须缴纳重税，还只能闷声发财，不得穿名牌开豪车，子女还不能考公务员。这样的职业，谁愿意干？

"重农抑商"的思想一直延续到明清。老百姓老实规矩地待在一亩三分地上，自给自足，安居乐业，就是国家最希望的状态。

53

2. 宋朝重商是顺势而为

宋朝似乎是个例外，商人一下子遇上了好年景，就连小货郎也把日子过得优哉游哉。难道宋朝真的坚持"改革开放"，一心搞活经济？

实际上，统治者并未出台大的改革举措，只不过顺应了商业规律。

太祖刚开国就下令，政府将商税条例张榜公布，不得随意变更，这就给了商人们一粒定心丸。他的弟弟太宗更进一步，严禁官府对商人勒索、刁难，如有违反，轻则撤职，重则判刑流放。政府还准许工商业者走仕途，参与商业规则的制定，生意的事儿还是与生意人商量着办。对于小摊小贩，这位太宗皇帝还颁发了一道条例："……其贩夫贩妇细碎交易，并不得收其算。"也就是小额交易概不交税。

宋朝统治者先后为商人松绑、大力发展经济是有原因的。一则太祖的"前任老板"、后周皇帝柴荣打小就是个经济鬼才，在治国期间更是精打细算；二则开封地区为中原商业中心，又是大运河的中转站，太祖生长于此，对商业有天然的体验；还有，恐怕就是商业能给国库带来大把的金钱，钱这玩意儿，谁不爱？

3. 宋人的生意经

"天下熙熙，皆为利来；天下攘攘，皆为利往。"宋朝政策开禁，商业便与百业一样正常化了，人们只要有点闲钱，要么囤货，要么买房，要么搞长途贩运，社会上出现了十人九商的热闹景象。

既有的城镇商人重操旧业，农民也弃农从商或抽农闲时候做生意。

商业把社会搞活了，有的州县因做生意出现田地抛荒，南宋朝廷得知，也只是轻描淡写地安抚了几句。

商业把人心搞活了，官员被免职，想到的是做生意赚钱养家；读书人进京赶考，也会顺便做点丝绸生意赚点路费；一些出家人也念起了生意经，他们或开当铺，或放贷收息，或卖药算卦。

宋朝女性也大量经商，《水浒传》里，孙二娘开客栈，王婆开茶馆。为方便对女商人收税，官府还设立了专门的女性税官。

瞧，自上而下，一个个都掉钱眼里了。

宋朝出台了很多商业利好的政策，同时实行榷场专卖制度、"抽肥补瘦"的税收制度，尽量避免出现行业寡头。因此，宋朝虽然经济发达，但富豪不多，比如那位"祝半州"祝确，其名声很大程度上沾了外孙朱熹的光，而不是因为占了半边城的财富。

第八节　货郎产品全国供

1. 货郎小超市

《货郎图》里，李嵩标注的小商品有"三百件"，到底有没有这么多呢？

瓷器、算盘、扇子、布匹、针线、刀、瓦罐、竹篓、麻鞋、刷子、锁，撅头、斧头、耙、刨子、鞭、拨浪鼓、铃铛、风车、风筝、乐器、弓箭，各种灯笼、纸扎、招牌幌子，还有厨房里的油盐酱醋……单凭肉眼根本分辨不过来。

货郎和他的货担子简直就是一个小型超市，很难想象在中国古代，小商品居然如此门类丰富、制作精美。

如果回到宋朝，我们会发现一个令人惊讶的手工业体系。古人依靠原始的机械和加工方法，发展出冶炼、金属加工、陶瓷、制盐、制糖、造纸、印刷、纺织、酿酒……单子开下去还有一长串。

辽·佚名《千角鹿图》（局部）

2. "国企""民企"共同发展

宋朝对盐业、冶炼、铸造等行业实行榷场专卖，相关产业也由官方主导，但民间若有足够资本，也可介入生产，官民互补，共同把行业做大做强。

官办的铜矿开采和冶炼作坊规模较大，常年有十余万矿工昼夜生产，年产铜、铅数十万吨。"民营企业"则需向官府租赁矿场，吸引资本合伙经营才能玩得转。

宋朝的金属加工业主要是官营，"国营企业"工序明确，流水作业，雇用的熟练工人可以达到十万之众。如果关系到位，民营机构也可以分一杯羹，但铸币之类的行业基本无法染指。

北宋很早设立造船务，督造各种大型船只，在现在的江西赣州和吉安、湖南长沙和衡阳、浙江温州和宁波、福建泉州等地开办了官办大型造船厂。

当时的船有"福船"和"广船"之分。福船载重量 100 多吨，坚固、稳定、抗风力强，适合远洋航行；广船更为宽大、平稳，主要是民用。到南宋，造船厂能造出容纳上千人的巨型海船，船上可以酿酒养猪，搞纺织，举办市集派对，除了动力，与现代的巨型游轮已经区别不大了。

说到官办和民办共同发展，就不得不说说瓷器制造。

提到宋瓷，首先想到的是景德镇，南宋时景德镇有窑 300 余座。官窑要求严苛，制作精美，而不少私人窑口拥有家传独门秘籍，能生产出珍宝一般的陶瓷器。但实际上，陶瓷业在北宋已经相当发达，除了京城的官窑，还有汝窑、钧窑、定窑、哥窑等民窑。如果您手头有件瓷器，碰巧是宋朝官窑所产，那就等着升值吧。

即便在宋朝，好的瓷器也价格不菲。瓷器不但丰富了百姓生活，还是主要的出口商品。欧洲市场上的中国瓷器，与同重量的黄金等价。

3. 蓬勃发展的轻工业

在其他众多的、较为琐碎的轻工业领域，民营资本可以大展宏图。

由于发达的织锦业，杜甫说成都"花重锦官城"。顺便提一句，无论是工艺和流程，锦比充作岁币的绢要高出几个档次。

到宋朝，成都官营织锦院的大型作坊足有 100 多间，150 多台纺织机同时开工，年产织锦上万匹。民营的织锦业更是百花齐放，家家纺织，户户濯染，锦江江面上经常是色彩斑斓的。沿海的城市和乡村建起大型织染作坊，还有专门的彩帛店铺，前店后（作）坊，购进原材料加以印染，生产出花色丰富的丝织产品。

宋朝的印刷厂不愁业务，大量的佛道经书，各种文学、科学书籍，科举考试用书，还有交子等各种名目的纸币，以及茶、盐钞引等流通证券，都需要印刷。除了由国子监雕版的官营印刷厂，以杭州、开封、建阳、眉山为中心，各种民营机构还形成了四大印刷基地。官方印刷厂有工匠 200 多人，民营作坊几十上百人不等，印刷的书籍除了在国内流通，还销售到辽、金、西夏等地。

第三张画 | 《茗园赌市图》

南宋·刘松年《茗园赌市图》

背景介绍：

绘者：南宋　刘松年

规格：不详　绢本，设色

本幅无款，表现了南宋时期茶园斗茶的场景，是中国茶画史上最早反映民间斗茶的作品。旧题为刘松年画，现藏中国台北故宫博物院。

第一节　斗茶比"斗地主"还流行

1. 画里的斗茶

说起斗茶，现代人或许并不陌生。每到茶叶收获季，在铁观音的故乡福建安溪的各个村镇，都会举行规模大小不一的斗茶活动。通过斗茶比出茶叶等级，确定茶价高低，一年一度的"茶王大赛"更是盛况空前，还会通过媒体向全球进行转播。

但是，不管仪式多么复古，场面多么浩大，依然无法复原宋朝人人参与的那种空前绝后的"斗茶"景象。

刘松年绘就《茗园赌市图》，为后世留下了古代茶市上一抹热闹的记忆。

南宋的这次"斗茶"发生在一个小型茶市上，四位男子，一位端着茶盏品味，一位举盏要喝，一位在冲点茶汤，一位已经喝完正用袖子擦嘴。右侧边有一副茶担子，一男子正卖力地张罗买卖。画面左右两边分别有一位男子和一对母女，大约已经结束斗茶，抽身离开茶市，目光却被身后的景象深深吸引。

2. 从点茶而来的斗茶

宋朝斗茶，开始只是文人雅士之间的文艺活动，主要功能是娱乐，而不是为了给茶叶分个高低好坏。

其实，说"斗茶"有些俗气，它最初叫"茗战"——把激烈血腥的厮杀，拿到茶桌前以杯盏演绎，雅得真有境界。

不过，雅从来都起源于大俗。在唐代，茶不用泡，也不是点，而是煎煮：看人取茶，碾碎成茶沫，烧水至二滚，先舀出一碗，接着把茶沫放入锅心，以竹荚搅动，慢慢加盐，等水再烧开，将先前的那碗水倒回锅中煮沸。茶水煮好，分给各位茶客食用，加盐、扬汤，类似现在的煮面条，实在太不雅了，但它有个很雅的名字：育华救沸。

经过五代的发展，宋人吃茶讲究了起来。在浙江天目山的径山寺，一种新的吃茶方式——"点茶法"被创造了出来。此法先取半发酵的茶膏饼，研磨成茶末，以少量开水调成茶膏，随后边加沸水边用茶匙击拂，其实就是搅拌，最终调和成一盏茶汤（因此是吃茶，而不是喝茶）。

水汽氤氲，以纤细白皙之手缓缓击拂，等待茶香慢慢升腾，确实是一件大雅之事。

3. 斗茶是一件闲而雅的事

养花种草，斗鸟，斗蛐蛐儿……宋人有钱，闲得慌，每件事都试图要找点乐子。冲泡一碗茶，快喝慢饮，终究是为了解渴，但他们不！随着茶匙微微搅动，茶盏泛起晃动的茶沫，茶水不断变换颜色，观汤花（茶沫），察汤色，闻茶香，这难道不是一个奇妙的享受过程吗？

汤色的洁白程度，汤花保持的时间长短，最终决定斗茶的输赢。据说斗茶活动起源于福建建州（今建阳），那里地处著名的茶山武夷山，是名茶大红袍的产地。

斗茶最初只是民间活动，是用来评判茶叶好坏的一种方式，后经地方大员点化、升级，再让当朝皇帝一阵摆弄，这玩意儿竟然逐渐风靡全国。

宋朝建州陶瓷业发达，特别出产一种茶器"建盏"。这种古朴浑厚的瓷盏配上洁白的茶汤、青色的茶沫，花散水出，即便不喝、不闻，只看一看便迷醉了。

4. 斗茶的流行与回归

宋朝市民经济繁荣，老百姓口袋里有了些闲钱，茶渐渐排在"柴米油盐酱醋"后，成为开门七件事之一。有了全民的参与，饮茶很快风靡全国，而由民间到宫廷，再由皇帝倡导的斗茶，自然而然遍及大街小巷、村头田园，比起今天广受大众推崇的"斗地主"游戏，不知要风光多少。

当然，作为一种功能性饮料，茶首要的任务是解渴醒脑促消化，不可能所有人都闲着没事，拿一枚建盏慢慢欣赏汤色和茶沫。于是，另一种斗茶方式出现了，它不看重茶的汤色，而是专注茶的香味和品质，完成了茶叶从形式到本质的回归。

《茗园赌市图》上的斗茶男子，正是通过品评茶汤的味道，从而确定茶叶好坏。

在茶市，人们理应回归喝茶的最初状态。

第二节　皇帝也喜欢斗茶

1. 为斗茶而生的茶宴

斗茶源于茶市，若要高雅起来，则非得经过茶宴的加持。

唐代，茶叶产地的官府为给朝廷敬献贡茶，出现了众人品评茶叶的茶宴。后来，越来越多的人举办和参加茶宴。经过五代的发展，茶宴之风在宋朝开始盛行，一次茶宴就是一场热闹的聚会。

宋·建阳窑黑釉兔毫盏

要说宋朝茶宴，绕不开嗜茶成癖的宋徽宗。他喜欢品茶、斗茶，撰写了茶的理论专著，还借用唐代文士题材，挥毫画下《文会图》，描绘某次文人雅士品茗的高端雅集。

画上的茶宴选择在辟有池沼的庭园，八九位文士围坐茶桌，或交谈或吃茶，神态各异；旁边的树下还有两位，正在亲密地交谈。

从画中可以看出，宋朝茶宴已经不是简单的喝茶。茶桌上除了茶盏而外，还摆放了水果、美酒和酒器，垂柳后面的石茶几上，有一张瑶琴、一尊香炉。音乐、熏香是标配，美酒和菜肴也必不可少，还得有五六位茶童侍候，煎水、点茶、备茶、倒茶、装食盘，一位茶童甚至饥渴难耐，忍不住偷地吃上一碗茶。

在座文士绝非等闲之辈，这样的场面，一般的茶客是消费不起的，大约只能看看画儿。

2. 亲自点茶的皇帝

《文会图》画得生动而真切，与作者徽宗对茶的深入讲究和亲自参与烹茶、点茶、斗茶密不可分。

宣和二年（1120）冬日上午，延福宫暖阳朗照，徽宗举办宫廷茶宴，受邀者有亲王、正副宰相等高官。茶席前期准备工作早已就绪，徽宗吩咐近侍取来茶具，亲自倒入沸水，以茶匙轻轻拍击。徽宗可不只做做样子，因为他正在进行的正是点茶最关键的步骤。

不一会儿，茶盏出现雪白的茶汤，茶沫如疏星淡月一般氤氲散开。徽宗目视群臣，亲切地请茶。当时的场景由宰相蔡京写入了《延福宫曲宴记》，而在他的《大清楼特宴记》《保和殿曲宴记》中也有皇上亲自点茶的记载。

"曲宴"，就是宫廷宴会。一杯茶就把总理级的客人都请了，宋徽宗算盘打得精。当然，皇帝亲手点的茶，也不是谁想喝就能喝的。

3. 不朽的茶书

宋徽宗是位千古奇才，除了皇帝当得不太好，在很多领域都是大师级别，这里主要说说他在茶方面的研究。

多次观察、实践，加上理论学习，徽宗在大观元年（1107）

写成《茶论》一书。以不足 3000 字的篇幅，将蒸青团茶的采制、烹式、品质，包括斗茶风俗介绍得非常清楚，并且见解独到，是研究宋朝点茶的重要著作。

在他看来，饮茶是在闲暇时间的一种娱乐方式，同时又将其提高到"励志清白"的高雅境界。皇上都说了，普天之下，无论高低贵贱，都可以玩茶，不但可以玩，还可以玩出某种层次。如此一来，不会点茶，不好斗茶，还好意思做一个宋人吗？

按照这位"茶皇帝"的理论，白茶是茶中精品，又以黎明时一芽一叶为最佳。而点茶、斗茶的最上品茶盏，当属建窑的兔毫盏。他对茶瓶大小没有要求，但材质恐怕是小老百姓消费不起的——"瓶宜金银"。有了这些，再取"清轻甘洁"的山泉，就可以来一次高水平的点茶了。

徽宗总结出七汤点茶法：点茶要分七次注入沸水。每次注水的方式都不一样，茶匙搅拌的轻重和动作也各不相同，这些书中都有详尽的描述。

接下来是斗茶，首先茶有来自本真的香味，入口香甜、醇厚嫩滑；茶汤以纯白最佳，其余依次为青白、灰白、黄白。

在《茶论》中，作者并未祭起君王的威权，而纯粹是以茶学家的身份娓娓道来，信笔写就，无心插柳，遂成天下茶人的经典。

第三节　大臣也是斗茶高手

1. 地方大员制御茶

皇帝有茶瘾，做臣子的岂能不投其所好？当然，首先得有那个条件。

大中国产茶的地方多，主要集中于秦岭淮河以南，四川盆地的茶就很不错，但隋唐以来都以福建武夷所产为贡茶。于是，督造贡茶成了福建官员的任务。

仅仅督造是没有出息的，还得钻研、创新。先是宋真宗咸平元年（998），福建漕司（相当于主管财税的副省级干部）丁渭开发出了大龙凤团茶。此茶八饼为一斤，饼上有龙凤压印，算是打出了品牌。在此基础上，宋仁宗庆历年间（1044年左右），福建转运使（北宋此职权力扩大相当于现在的省长）蔡襄研制出了二十饼为一斤的小龙团茶，立马成为贡茶上品。

丁渭、蔡襄二人确有真才实学，后相继进入朝廷中枢工作，在制茶上也花了不少工夫。

大小龙凤团茶并非简单的分包，特别是小龙团茶，精选上品茶叶，产量极为稀少，每饼价值二两黄金。皇上通常会给正副宰相各赏一饼，一般大臣和嫔妃则只能看一看。欧阳修曾得皇帝赏赐一饼，感恩涕零，连忙写文赞美。苏东坡大约是没得到，还写下了酸溜溜的诗句：

"君不见，武夷溪边粟粒芽，前丁后蔡相宠加。争新买宠各出意，今年斗品充官茶。"

2. 蔡襄的斗茶评判标准

宋朝的蔡氏兄弟都是书法家、政治家。蔡京是奸臣，被称为"六贼"之一，堂弟蔡襄却是个好官，还是一位有名的茶学家。仅仅创制"小龙团茶"，就足以享誉茶学界了，蔡襄还撰写了有名的茶学著作《茶录》。

蔡襄笔墨比徽宗还要俭省，此书只有区区千把字。上篇论茶，下篇说茶器，对茶的加工要求、茶器、斗茶的方法和评判标准进行了系统的论述和说明。

斗了半天，何为好茶，何为次品？

对于茶汤颜色，蔡襄的标准是：清白胜黄白，因为前者清澈，后者混浊。徽宗将"白"细分为四种，应该是受了蔡臣子的启发。斗茶的最终评判标准是"水色"，对此，蔡襄写得更清楚：只在茶盏注入四分沸水，如果汤色鲜白、茶盏没有水痕，就是最好的；水痕出现得越晚，名次越靠前。对于胜负的判定是，差了（或胜了）"一水""两水"，也就是"水脚一线争谁先"，苏东坡的这个说法更雅一些。

3. 斗茶可以出奇制胜

有一天，秘书省的一位官员请蔡襄喝茶，喝的是珍品小龙凤团。这茶是不是利用职务之便从皇上那里申请而来，不得而知。正喝着，又来了一位客人，茶童继续倒茶，蔡襄品了一口缓缓摇头道："这味儿不对啊，肯定掺了大龙凤团。"茶童赶紧承认，本来只准备了两位的茶，突然来客，来不及碾磨，便用了些大龙凤团。

由此可见，蔡襄的品茶和辨茶功夫都非常了得。这样的本事，自然要用到斗茶上去，不然也太浪费了。不过，有一次斗茶，他却输给了苏舜元。

苏舜元在文学上的名气不及弟弟苏舜钦，却是一位著名的清官和能吏，也是熟谙茶道的大师。不知哪些人见证了这次雅集，反正苏舜元赢了。蔡襄取的是上等精茶，用的水是"天下第二泉"惠山泉。苏舜元的茶比不过对家，便选择了至清至纯的竹沥水（不同于中医药上的鲜竹沥），算是出奇制胜吧。

第四节　上行下效的斗茶之风

1. 随时随地斗茶忙

北宋皇帝极力倡导，国家二把手锦上添花，欧阳修、苏东坡、苏舜元等高官名人争相推崇，"斗茶"之风想不泛滥都难。不过，一项活动要流行开来，除了过程有趣、大力推广以外，还得简单易行，如此才能快速地在民间普及开来。

就说斗茶，小老百姓不可能搞起宏大的茶宴，更不会经常有专门的茶童侍候，但不要担心太多，民间自然有简化程序的高手。

在宋徽宗政和二年（1112）春天，约上二三同道好友，就在陋室"寄傲斋"聚一聚。取龙塘的水点茶，斗茶，依次品尝。最终分出，某人的茶最好，某人的差一点。这是失意官员、诗

北宋·赵佶《文会图》（局部）

人唐庚被贬惠州时，与几位好友在自己的书房斗茶的情形。

其实这已经不错了，普通老百姓的斗茶还要简单一些。

在刘松年的《斗茶图》中，四位南宋茶贩都手握雨具，大约刚冒雨赶了好一阵路，匆匆行至市郊大树下，趁着雨停，干脆歇了茶担，架炉煮水，拿出茶来斗上一斗。此时，茶贩子已经无须"茗园赌市"，可以忙里偷闲，排除买卖等世俗的干扰，真正地较个高低。

斗茶可以不分时间地点，也不必讲究形式，只需要遵守相关规则。实际上，就连规则也是不断变化的。不管形式如何花哨，喝茶总得回到茶客身边，回归自己的本质。

2. 斗茶越来越直接

北宋灭亡后，品茶休闲的生活方式随京城南移，江浙地区的饮茶之风后来居上，杭州成为新的饮茶胜地。

在南宋，茶客如果还是与徽宗一样，拿起茶匙东搅西拌，那定然会被人笑话。世道变了，点茶的方式也变了。而经过整个宋朝三百余年的流变，斗茶已经不在乎"茶尚白、盏宜黑、斗浮（茶沫）斗色"，而更多地倾向于茶的香味和品鉴茶香的过程。

画家赵孟頫也有一幅《斗茶图》，人物与刘松年笔下的茶贩差不多，但分明已是元代的斗茶场景。四位斗茶人分成两组，前面的两位分别是主斗，一位一手执杯，一手提壶；另一位双手各执一杯，左右开弓地品味茶香。两位主斗各有一名助手，一位助手正在注水，另一位在茶担子上忙碌。

元人斗茶来得更直接，毕竟茶是用来喝的，不是拿来看的。

3. 茶汤里有百戏

斗茶的环节慢慢减少，并不是说南宋人不再注重雅致的茶艺。相反，他们在点茶的基础上，发展出了更精致的分茶技艺，也就是茶百戏。

"晴窗细乳戏分茶"，在陆游的眼里，分茶是多么美妙而富有闲情的技艺。茶艺师利用壶中的水，使茶盏里的茶汤形成丰富的泡沫，并让其纹脉幻化形成各种文字、图案，这是何等高超的技艺！难怪宋人称之为"茶百戏"，或叫"水丹青"。

这样一来，以前最主要的"斗茶品"就仅仅是初级阶段了，接下来除开"茶百戏"外，还有"行茶令"，斗茶的花样变得越来越丰富。

在清晨这一嗅觉和味觉最灵敏的时段，先对茶叶完成"三嗅"，嗅香、尝味、鉴色，品鉴其色香味形。到这里，第一个步骤，"斗茶品"便宣告完成。

"行茶令"类似酒席上行酒令，令官出题，答不上来者罚茶一杯。这个游戏虽然很文雅，但遇上口渴善饮者，大可以故意输掉，喝下一杯又一杯好茶。不过这种行为君子不耻，茶客就更不会干了！

第五节　茶饮的全套家当

1. 茶具（器），一个都不能少

食不厌精，脍不厌细，国人在吃喝上从来不嫌烦琐，对吃喝的器具也是颇有讲究。为了吃螃蟹，明代的人就发明了"蟹八件"——"锤、镦、钳、铲、匙、叉、刮、针"。外国人来中国吃蟹，不但对"张牙舞爪"的螃蟹手足无措，单单一套"蟹八件"就足以让他们蒙圈。如果让他们回到宋朝，面对林林总总的全套茶具（器），不仅要蒙圈，简直会找不着北。

喝茶解渴，有水壶、水杯就行，如是一瓶冰红茶，连杯子都可以省了。在宋朝可不行，除了茶壶茶杯，还有各种茶具和茶器。

南宋有个叫审安的老头儿，喜欢喝茶，会两笔丹青，闲着没事便创作了《茶具图赞》一书。他将十二个茶器拟作"十二先生"，分别取了姓名、字号，还封了官，并配上了相应的文字说明。

就画论茶，老人也确费了一番苦心。况且，十二件茶器，是一件都不能少的。

2. 茶器如官，各司其职

十二件茶器分别是茶炉、茶臼、茶碾、茶磨、茶入、筛子、茶帚、盏托、茶碗、汤瓶、茶筅、茶巾。

茶炉，姓韦，名火鼎，字景旸，号四窗间叟，官居鸿胪。韦姓表明竹制的外壳，"胪"通"炉"，鸿胪是主管朝祭礼仪的官。"火鼎""景旸"，表明生火煮茶的功用。"四窗间"指茶炉的四个通风口。

有意思吧！老人称茶臼为木待制，给予"万民以济，禀性刚直，摧折强梗"的赞词，堪称绝妙。茶碾通常由金属制成，被封为主管司法的"法

南宋·刘松年《斗茶图》

曹"，而茶磨的官职是"转运（使）"，都十分贴切。储茶的茶入是葫芦材质，被称为"胡员外"。疏密有致的筛子，姓罗（箩筛），官封"枢密使"，还有被封为提点的汤瓶，甘居副职的茶筅竺副帅，位居司职方的茶巾，都无不恰如其分，读之令人忍俊不禁。

因为宋朝吃的是点茶，大约是没有茶则的，对这个量取茶叶的茶具，不知道老人会取一个什么名字。

3. 茶器也要修身养性

器为茶之父，水为茶之母。无法品到宋朝的点茶技艺，能欣赏一番精美的古代茶器，也可以粗浅地进入宋人茶生活的妙境。

刘松年《斗茶图》左上方那位男子，右手提着一只茶壶，那是煮水和注水的"执壶"。古代的热水哪怕沸腾了，都不叫"滚水"或"开水"，而称为"汤"，执壶也叫"汤瓶"。

汤瓶的制作很有讲究，在宋徽宗看来，注汤成功与否，完全取决于瓶口。瓶口要直，与瓶身的接口要大，出水才能紧而不散；瓶口圆小收紧，注水就不会有滴散。这样的汤瓶才能更好地控制水流速度和力量，可以很好地保持茶面上茶沫的完整性。

所有茶器中出场最多的当属茶盏。宋朝斗茶以"白汤花"为上，自然首推黑盏，能衬托漂亮的汤色。施黑釉的深色茶盏居宋瓷之冠，又以福建建阳窑的"建盏"最为著名。为了给宫廷烧制最为独特的建盏，历代窑工和技师殚精竭虑、呕心沥血，终于研制出"釉色变幻莫测，釉纹细如兔毛，且有彩虹般光晕"的"兔毫釉"。除了观赏价值，建盏还有保温蓄热、保持茶汤口感、激发和提升茶香的功用。

建盏实为点茶之妙器，斗茶之时，有一枚上等建盏，对手纵然茶好、水好、技艺高超，也不会被小瞧了去。其他还有茶托、储存茶叶的"盖罐"，也都极尽窑艺，造型高雅，给人以无限美的享受。

第六节　喝茶得按程序来

1. 考个"职称"去茶馆上班

　　宫廷或高官茶宴讲究一定的规矩和流程，宋朝的茶馆也不示弱，在长期经营中形成了比较完善的机制，即便一个小小的茶馆，老板也会雇佣专业的"茶博士"。

　　《水浒传》里史进到渭州城寻找师父王进，刚踏进路口的一个小茶坊，便有茶博士前来询问："客官，吃甚茶？"

　　在宋朝，茶博士是一种技术职称，普通的店小二，只会招呼应酬肯定不行。在酒楼茶肆，跑堂的技术工通常叫"茶饭量酒博士"，如受雇于茶坊，则称"茶博士"。

　　唐代，有个叫伯熊的茶博士，头戴乌纱帽，身穿黄制服，能熟练地说出各种茶的名称、特点。朝廷大员李季卿作为皇帝特使下来巡查，被茶博士侍候得舒舒服服，立马口头表扬、拿钱打赏；后来在另外的茶楼，见茶圣陆羽穿着随意，心头甚是鄙视。这说明，茶博士在唐代就有了，并且已经是一个专门的职业，还有特别的穿戴。

　　宋朝的茶博士更是不能乱叫，必须经过专门的培训，掌握一定的茶学知识和熟练的冲茶技能。宋人拿到这个职称，就可以到茶坊找工作，待遇比普通堂倌高得多。如果技艺出众，还可能被高官收作茶童，身价更是倍增。

南宋·刘松年《撵茶图》

2. 画里的小茶宴

　　说完茶博士，那么宋朝点茶到底是怎么个流程呢？刘松年的另一幅画《撵茶图》里画得很明白。

　　太湖石边棕榈葱葱，旁边分别摆放一高一矮两方案几，一位茶童直接坐在矮几上，专心致志地磨茶；另一茶童站在高桌边，左手端着茶盏，右手提着汤瓶点茶；桌上整齐地摆放茶盏、汤瓶、茶盒、竹筅、茶罗、盏托等茶具，桌前有一茶炉，上置茶壶正在煮水。

　　画中真实地再现了一个小型茶宴。宴会主人似乎是一位僧人（传说是"书圣"怀素），正俯首专心书写，两位茶客坐在一旁认真欣赏，二人一边观看、交流，一边等待茶汤的到来。

顺便说一句，因为茶有"三德"——通夜不眠、帮助消化、不发（控制性欲），所以僧人喜茶，进而有了禅宗茶道。僧人饮茶、制茶、种茶并研制茗茶，为茶事的发展做出了特殊贡献，该在茶史上大书特书。

3. 一场曼妙的茶事

炙茶、碾茶、罗茶、候汤、熁盏、调膏、击拂……炉火正旺，开始有微微的沸水声音，接着琴声流淌，依稀之间有人在吟唱一场曼妙的茶事。

宋朝点茶大约要经过备器、选水、取火、候汤和习茶五个程序。

首先是炙茶，取下一块茶饼，以燃烧的木炭火反复烘焙，将茶饼里外焙干，但干而不焦，便可以进入下一道工序——碾茶；碾茶有专门的小石磨，将切碎的茶饼碾成粉末；再开始罗茶，即用绢罗将茶细细筛过。茶粉碾磨得粗细如何、筛得是否均匀，直接关系到茶沫的成色和水痕出现的快慢。

准备好这些，便开始候汤，也就是选水与烧水。水决定了汤色的品质，断然马虎不得。如人手有多，候汤可以与前面的工序统筹起来。

接下来是熁（烤）盏，即将茶盏温热，便可以调膏：用少量的水将茶沫拌和成糊状。

最后是最重要的环节：击拂，一边慢慢倾注茶汤，一边用茶匙轻轻调和。此时，茶沫与水共舞，自然与人性声息相通，所有感官调动起来，四肢百骸无一不畅快淋漓。

随着不紧不慢地击拂，山水、花鸟、虫鱼、文字，在黝黑的茶盏中缓缓呈现。这便是茶百戏，也就是"水丹青"；如果手艺不佳，则演不出百戏，更写不出丹青。

第七节　流动的茶饮

1. 一个人的茶摊

吃一杯神清气爽茶，回头再看看《茗园赌市图》上的那副茶担子。

担子上面有一块大的布篷，可以遮阳，但似乎难以遮挡风雨；担子两边分别有一个结实的箱笼，里面装满茶器和茶具；箱笼盖子掀开，上面贴着"上等江茶"的招牌。茶担的主人似在吆喝：咱卖的可是上等好茶啊！

茶担右侧的妇女，手上提着茶炉，炉上有壶，孩子背着的木架上摆放着茶盒、茶盏，其余五位男子也都自备茶炉、茶壶和碗盏。他们在斗茶或是前来观看斗茶，同时也可能是流动的茶贩。妇女绝对是做茶生意的小贩，带着的孩子背着茶器，以便随时接待茶客。

小茶贩反正不用交税，赚上一文算一文。他们或摆茶摊、搭茶棚，或者干脆挑个担子、提个茶炉和汤瓶，就可以做买卖了。在南宋的杭州，这群小贩统称为"茶司"，随时随地为人们提供茶饮服务。

2. 随时随地的茶饮

古代人仅仅依靠人畜之力，在前不着村后不着店的跋涉途中，难免饥渴难耐、疲乏不堪，忽然看见茶棚，该有多么的惊喜啊！

《清明上河图》里的城郊就有这么一个简陋的茶棚，门前拴着一头驴，骑驴赶路的"大胡子"显然渴极了，端起大碗一通猛喝。

宋朝人想得真是周到，除了这样的简易茶棚，茶担及提瓶的流动卖茶人也会及时出现，为一个个茶客带去浮在嗓子眼上的希望。

见缝插针的小生意赚不了几个子儿，幸亏有夜市。逛街看热闹的游客乏了渴了，顺便买杯茶来吃。如果夜市竞争太激烈，小贩便提上茶瓶干外卖，去小街小巷一路吆喝过去。宋朝人有"迎客喝茶，送客喝汤"的习俗，碰巧某家人来了客却没有备茶，流动茶贩的一宗买卖就做成了。如果没人点茶，也能混个脸熟，顺便为街坊带个信捎个物，总算没有白跑一趟。

3. 小茶贩也不容易

小茶贩脚不沾地赚点可怜钱，却不能天马行空任逍遥。这个地段能不能卖茶，由谁来卖，得"行老"说了算。

宋朝的"行老"也叫"行头"或"行首"，是随市场业态成熟自发产生的行业"领袖"。根据南宋史学家郑樵的记载，要在京城街巷提瓶卖茶，必须投靠某个茶行，不然是混不下去的。

行老都是茶行老江湖、当地的"地头蛇",不但小茶贩要受其管理,就连有职称的茶博士也不得不交点保护费。

还有一种"茶贩",贩卖的是"觑茶"。这些人包括"街司衙兵百司人",读来有些拗口,大概就是宋朝街面上的"城管""警察"之类;他们将茶水直接送到店铺门面上,老板们见状会马上支一些钱去,如果不懂事,各种麻烦事就来了!呵呵,这也算是一种敲诈吧。

和尚道士也会给施主们外送茶水,当然不是白送,而是为了结缘,也是为自己打广告,以便多揽一些"法事"之类。茶的功用发挥到这个份上,宋朝的红尘之外一点也不清净啊!

第八节 "赌"出来的茶叶生意

1. 茗园赌市是促销

所谓"茗园赌市",就是茶叶市场上的斗茶,以斗茶促卖茶。

北宋将福建建州凤凰山北苑的贡茶选定为皇家御茶,此地先后开辟官私茶园1336家。各大茶园以"斗茶"评定等级,以"赌"的方式进行茶叶的品赏与推销。

宋朝茶业兴旺,全国共有茶叶品种200多个。所有茶叶是不是都通过斗茶来定级不得而知,北宋最初对茶叶实行专卖却是事实。商人要做茶叶生意,得先去汴京的"榷茶务"交钱,再去产茶区提货。产茶区只有6个榷茶务,肯定忙不过来,便把收购业务分包给各个"山场"。

不同质量的茶叶，价格差别很大，从一斤15文到800文不止。官府预支收购款的利息、茶叶缩水的"耗茶"、人工工资，等等费用都要计入茶叶的成本，茶农只有生产高档茶才有利可图，因此斗茶这个环节的重要性就不言而喻了。

2. 茶叶走私泛滥

"榷茶务"将茶叶收起来，以内销为主，部分外销出口。

有段时间，宋朝与金夏等国战事不断，边境缺粮，官府想了一个办法，让老百姓为边境运送粮食。百姓交了粮食，从驻军那里得到"交引"，回汴京领钱帛或茶叶，后者对茶商很有吸引力。

这个"入边刍粟"措施减轻了国家负担，调动了人们保家卫国的积极性，但久而久之，问题出现了——边

宋·佚名《人物图》

境的粮食价格炒得比内地高出几倍乃至几十倍，农民高兴地拿到大额交引，回到汴京，政府却付不出那么多钱帛，"榷茶务"更没那么多的茶叶。

这招官府玩不转了，便放开茶叶市场，让商人与茶农自行交易。当然，商人必须首先给官府交钱，价格高出茶叶价一倍还多。"榷茶务"啥事不干，只管斗茶、收钱，倒也落得轻松。

但好景不长，茶叶产量不知不觉地减少，一直减少到只有过去的一半，官府才发现问题的根源：不是收成不好，也不是茶农不种茶，而是茶叶走私猖獗。

官府既要占利润的大头，还要在斗茶时压级压价，茶农用脚趾头也想得出来，茶叶走私比卖给官府指定的商人获利多得多。走私是犯法的，一旦抓住，补税、罚没不说，还得受杖刑。但厚利之下，连命都可以不要，挨顿打算什么呢？于是走私愈演愈烈。

朝廷终于开始警觉，嘉祐四年（1059），北宋取消茶叶专卖，改为税后的自由贸易。这么一来，既节约了行政支出，还增加了朝廷的税收，而茶农、茶商、茶客都减轻了负担，各方皆大欢喜。

3. 茶引下的买卖

宋徽宗时，钱越来越不够用，官府又盯上了茶叶生意，官府于崇宁四年（1105）推行"茶引制度"。"茶引"分为"长引"和"短引"，茶商做买卖之前必须向官府购买这个"引"，老板叫啥名字，去哪里买，到哪里卖，都得写清楚。为了这张纸片，茶商须对每斤茶叶额外支付 800 文。

茶引制度一直延续到明清两代，即便后面官府对这方面的管理放松了，也能每年收到 300 万贯茶税；商人和茶农可以自行商谈，自由定价，自由交易。南宋时期，茶农为了在茶商那里争取一个好的价格，斗茶是必不可少的环节，"茗园赌市"便成了茶叶市场的一大风景。

第四张画 《秋庭戏婴图》

北宋·苏汉臣《秋庭戏婴图》

背景介绍：

绘者：北宋　苏汉臣

规格：108.7 cm×197.5 cm 轴　绢本，设色

本卷以细腻的笔法描绘两个衣着华丽的孩童在庭院玩"推枣磨"游戏的场景。该作品现藏于中国台北故宫博物院。

第一节　宋朝画家爱娃娃

1. 古代画家爱娃娃

关于儿童的美术作品，印象最深、最受人追捧的莫过于年画《娃娃抱鲤鱼》，取"多子多福，年年有鱼，鲤鱼跃龙门"之意，表达人们的美好愿望。其次要数历史课本上的插图《宋孩儿枕》，能够枕着这样一位富贵逼人、娇憨可爱的瓷娃娃入眠的人，生活该有多么温馨和美。

北宋·苏汉臣《婴戏图》

爱画娃娃，古人由来已久。汉唐以来，艺术家经常采用"婴戏"题材，宋朝画家则似乎特别喜爱，众多画家画了数不过来的"婴戏图"。两宋的皇家画院有好几位都是擅长"婴戏画"的高手，苏汉臣除《秋庭戏婴图》，还有《婴戏图》等众多儿童题材的作品。绘画而外，"婴戏"艺术素材还大量地成为陶瓷、漆器等工艺品的装饰图案或造型。

寻找原因，会上升到人类的道德观念和人生追求这两个层次。古人，特别是宋人，一辈子离不开道家、佛教的影响，不少人尽管"作恶多端""五毒俱全"，也希望能够回归"婴儿的天真和自然"。当然，这大多是那些挣了钱、当了官的人的一厢情愿，老百姓则现实得多，想的是"忠厚传家久，诗书继世长"，而要实现这个愿望，首先要保证香火，其次才是"多子多福"。

2. 画婴戏无非是想生个儿子

直到今天，子嗣依然是中国家庭最为关心的问题之一。在久远的宋朝，男孩子不但意味着家族血脉的传递，最直接的是有无男丁耕种以解决吃饭问题，其次才是考试做官、光耀门庭。封建男权社会里，女子地位不高，花木兰武艺高强，也只能女扮男装替父从军。

对于宋人而言，男孩实在太重要了！

在无须计划生育的宋朝，人们可以不停地生，直到生出男孩为止。于是，各种"婴戏图"与其说是墙壁上的装饰，不如说是一种殷殷祈盼。把这些图挂在新婚夫妻的卧房，也可以成为一种心理暗示。婴儿还得配上动植物，如"麟麟送子""连（莲）生贵子""化（花）化童子""置（枳）子登科"等，或谐音，或暗喻，都寄予了古人传宗接代和望子成龙的愿望。

因此，画里的儿童都是胖乎乎、笑嘻嘻的。一两个嫌少，那就来个"百子图"，祈愿家族长盛不衰。

3. 皇室更需要男丁

自古帝王三宫六院，自然是不愁子嗣的。以徽宗为例，《宋史》记载他有38个儿子，42个女儿。但他的儿子高宗赵构却没有子嗣，而因为"靖康之变"，老爹和哥哥弟弟全部被金军抓到北方关了起来，皇位继承一时成了大问题。

不是赵构不争气，而是赵家仿佛中了一个魔咒，谁继承了皇位，谁就会绝户。民间传说，这是太宗杀死哥哥夺得皇位得到的报应。

他们赵家，第三位皇帝真宗是独子，第四位仁宗没有儿子，只能找哥哥的儿子过继，到第七位哲宗，又没儿子，只能去兄弟中挑选，赵佶很幸运地成了宋徽宗。

传到赵构这里，本来是有太子的，但太子在 3 岁那年夭折了，他本人又在战争中受到惊吓，丧失了生育能力。

皇室血脉时断时续，宋朝自上而下那是操碎了心。道士作法，僧侣念经，当事人吞丹服药，该做的都做了，可有的皇帝就是生不出儿子。这事别人帮不上忙，臣子们也只能干着急。御用画师们不能闲着啊，那就使劲地画吧，用"胖乎乎的男孩"把宫廷内外贴满，皇帝再生不出儿子，那也不关咱们的事儿了。

第二节　玩是孩子的天性

1. 玩的方式越简单越好

谈起古代的儿童，更多想到的是私塾里的"人之初，性本善"的琅琅读书声。这不过是影视作品的误导，古代孩子绝大多数并不会苦熬十年寒窗，大部分也没这个条件，他们大多是放逐田园山水——说得太高雅了些——其实就是当放牛娃。有钱人家也不会过早将孩子禁锢起来，毕竟玩是他们的天性所在。

孩子们玩的方式很简单，那些古老的游戏就会让他们乐此不疲，哪怕一只蝴蝶、一枚草叶，都可以让他们玩上大半天。"郎骑竹马来，绕床弄青梅。"儿童一手将竹竿放胯下，另一手扬竹条赶"马"，两人玩可以，一个人也能跑得不亦乐乎。再简单不过的竹马游戏，后来不知怎么与"青梅"扯上了关系。

北宋·苏汉臣《秋庭戏婴图》（局部）

汉唐以来，孩子们开始"踏鞠"。这个鞠不是足球，而是皮质的实心球。宋朝的孩子踢得更欢，还出现了专门的"蹴鞠"组织和艺人，那高俅就因踢得一脚好球当上了太尉。

其他还有荡秋千，放风筝，打陀螺，跳绳……只要没有课业，孩子们便尽可能地闹翻天，历朝历代都一样。

2. 玩的器物很原始

孩子们总会因陋就简，找到合适的玩物，专注于游戏。

苏汉臣画的娃娃显然生长在大户人家，吃得好，穿得好，桌上地下摆满了玩具，两名小孩却弃之不顾，而专心致志地"推枣磨"。

选取大红枣一枚，横切一半枣肉，露出尖细的枣核尖，再用三只竹签插入枣肉形成三足，枣核尖垂直向上；在一根竹篾条的两头分别插上一枚枣，将篾条中央放在枣核尖上尽量平衡，玩的时候以手驱动竹篾旋转，似推磨一般，旋转更久的一方获胜。这就是"推枣磨"，看起来拿不上场面，但从在画里出现的频率来看，应该是宋朝小孩常玩的游戏之一。

与小动物玩耍也可以让孩子获得充分的乐趣，苏汉臣其中一幅《婴戏图》里，一个孩子小心翼翼地捉蝴蝶，另一个孩子试图用扇子扑打。在另一幅《冬日婴戏图》里，男孩手执一根孔雀毛，女孩则摇晃绣花的小旗，逗弄一只可爱的小猫。

另外，斗蛐蛐儿、斗草、演戏、捉迷藏、打水仗，都是宋朝孩子们常玩的游戏。但这些情景，我们是不是也都很熟悉啊！

3. 孩子喜欢凑热闹

孩子喜欢玩，自然也喜欢凑热闹。宋朝热闹的地方多，勾栏瓦肆去不得，众多的集市是小孩的最爱。汴京、临安这种大城市不消说，天天热闹，晚上还有夜市；偏远村镇也有集市，就算没有集市，也总有货郎登门。不但能在集市上买到好吃的零嘴儿，孩子们还可以见到很多新奇的玩意儿，参加一些有趣的活动。

原本僻静的地方到了节日会热闹起来，节日就成了孩子们时时盼望的盛会。

宋朝有哪些节呢？

先是农历三月初三上巳节，这是个春游的节日。早在春秋战国时期，孔子就带上"童子五六人"春游，唱着歌儿回家。

接下来是端午节，孩子们忙于挂艾蒿、吃粽子、挂香囊、点雄黄酒、赛龙舟，热闹的事儿可多了。

秋天有中秋节，孩子们可以吃月饼、看月亮、猜字谜、打灯笼。

孩子们最盼望的当然是春节，可以敞开肚皮吃美食、放爆竹、点焰火、看戏、看灯……那叫一个乐啊！

另外，不管城市乡村，婚丧嫁娶都会有热闹，大人们或悲或喜，但孩子们的世界则永远是快乐的。

第三节　玩够了也得写作业

1. 儿童时代随便玩

宋朝的儿童是愉快的，至少不会被收进"幼儿园"，家长们自然也就免去了择园、缴费的苦恼。

孩子出生三个月后，父母会给婴儿举行命名礼。婴儿在这天被剪去胎发，男孩可能是"锅铲头"，女孩或许留棵"毛根儿"；还要找人取名，并告知乡亲"我娃娃有名字了"。

孩子满一岁，要参加"抓周"。这种仪式由来已久，宋人十分看重，希望能够准确地预测孩子的兴趣和前途。这天，家里会请来亲朋好友，在堂屋点上香烛，将小孩放在地席中间，周围摆满金银玩具、文房四宝、官帽印章、算盘升斗……看孩子最先摸到什么，接着再摸到什么。摸到笔墨，意味着孩子将来是读书人；摸到算盘，意味着孩子将来是商人；摸到印章，意味着孩子将来可能当官。

古人也是不会急于让孩子念书习字的。根据西汉礼学家戴圣编写的《礼记》所说，孩子最初只需掌握计数、辨方向、日常礼仪和记年月日等基本常识，在十岁后才开始正式学习。一旦到了十岁，男孩就要外出拜师学习，女孩则守候在闺阁中，跟着母亲或姐姐学做家务、女红，或者观摩祭祀礼仪等。

2. 各级学校逐渐完备

在很大程度上，"抓周"仪式不过是"满月酒"上的一项游戏，孩子成龙成凤全靠后天的努力。这对皇族贵胄当然例外，不过这个阶层的孩子绝非不学无术。从汉朝开始，宫廷就设立宗师，负责皇家子弟的教育。

宋朝与前朝一样，王室建有专门的教育机构，分为宫学和宗学，前者针对王子王孙，后者可以吸纳各位王侯的亲戚子弟。皇帝直系和近亲都照顾到了，那官僚子弟读书怎么解决呢？别忙，朝廷兴办了大学——国子监，下设太学、广文、律学三个班。三个班也招不满，把七品芝麻官及以上官员在京的子孙都算上，也不过 70 人，还包括那些挂名逃课的。为避免教育资源浪费，朝廷放松了学籍管理，最低层次的，哪怕是办事员的孩子都可以进国子监，最后不但不要汴京户口，就连非直系后代也可以入学就读了。

庆历三年（1043）以后，国子监逐渐从大学转变为教育管理机构，负责为各类学校的"监生"（学生）颁发"监牒"（相当于学生证），学校的招生规模扩大到 450 人。王安石进行教育改革，首先扩大和培养师资管理队伍；其次建立考试招生制度，进一步扩大太学的在校生规模，外舍生 2000 人，相当于大一新生，一年后选拔内舍生 200（后增至 300）人，再选上舍生 100 人。

除太学之外，还建立了武学、律学和医学，就是宋朝的军校、法学和警察学校，以及医学院。基层的州县学校也建立起来，各州府设立学官，统一教材，每个州学拨付 40 顷田作为教育经费。如果不够，就找土豪捐助。

3. 十年寒窗无人问

两宋时期经济繁荣、科技发达，无不得益于先进而完备的教育。因此，宋朝孩子的学龄比现代晚一点，但想要有出息，非得上学苦读不可。按照崇宁三年（1104）的数据，国家各类在校生达 21 万多，建州（现南平市）浦城县就大约有学生 1000 名。这个数据，放到 800 多年后的民国，也是有得一比的。

不过，大可不必厚古薄今。宋朝的学校教育获得了长足发展，这点无可厚非，但与上亿的人口基数相比，入学率还是相当低的。并且，广大"贫下中农"子弟根本不具备入学的条件——足够的路费和"束脩"（相当于报名费）。

因此，一些家族或宗族为有出息的子弟集资，这些孩子怀揣整族人的期望，以"头悬梁锥刺股"的精神刻苦攻读，"十年寒窗无人问"无所谓，只希望能"一举成名天下知"。

第四节　赏花也是一种消遣

1. 花儿装点百姓家

"黄四娘家花满蹊，千朵万朵压枝低。"黄四娘只是住茅草房的杜甫的一个邻居，说明唐朝的普通人已经有了养花观花的习惯。

《秋庭戏婴图》中的后院出现了三种花木：芙蓉、菊花和竹。芙蓉花摇曳生姿，婀娜作态，或绽放或含苞；青色的芙蓉叶，浓淡相间，把芙蓉花衬托得更加娇美。在芙蓉花旁，一簇洁白的雏菊静静探出。想必这户人家家境殷实，定然请了专门的园丁打理庭院。

事实上，到了宋朝，花卉种植已经成为一个产业，《清明上河图》上已经出现了卖花的摊点，"卖花者以马头竹篮铺开"，唱歌一般地叫卖。南宋的陆游听了一夜的雨声，便料想到"深巷明朝卖杏花。"

到了重阳节，宋人每家每户喝菊花酒，还将菊花做成簪子戴在头上，女的也就罢了，男的也戴，图一个时髦。比如，苏东坡就在《定风波·重阳》中写道："尘世难逢开口笑。年少。菊花须插满头归。"

2. 花卉园艺论文多

花卉园艺业在宋朝逐渐多样化，技艺日益精巧，还出现了一些专业级的选手，撰写了不少与瓜果花木相关的理论著作。

宰相蔡襄不但是茶叶专家，还对果树有研究，撰写的《荔枝谱》记录了32个荔枝品种。官二代韩彦直主管全军后勤，取得了不错的"业绩"，还经常深入调查，编写出《永嘉橘录》，指导老百姓种橘子。

果木而外，宋朝关于花卉栽培的著作更多，达31种。理论来源于实践，各种著述反过来说明宋朝瓜果花卉种植的广泛性。

北宋·赵佶《芙蓉锦鸡图》

宋朝的菊花逐渐从药用转为园林观赏，培养及选择技术大幅提高。学者刘蒙编纂的《菊谱》，按照花色对菊花进行归类，共计26个品种，是世界上最早记载观赏菊花的专著。苏汉臣笔下的菊花，白色花瓣，花蕊黄色，从花形来看定然是优选优育的品种。

在宋朝，菊花是延年益寿的"延寿客"，为重阳节必备之物。仁者见仁，智者见智，美女词人李清照发出"人比黄花瘦"的慨叹，失意文人杨万里则抱怨"政缘在野有幽色，肯为无人减妙香"。

3. 我见犹怜 "醉芙蓉"

与 "瘦" 菊相比，芙蓉花 "丰腴" 得多。不过，芙蓉却并不养尊处优，而要担负 "千林扫作一番黄，只有芙蓉独自芳"（苏轼《和陈述古拒霜花》）的任务。普通老百姓没有那么高深，想到的只是谐音 "夫荣"，与秋季飘香的七簇桂花合在一起，便是 "夫荣妻贵（七贵）"；与白鹭的组合，寓意 "一路（鹭）荣（蓉）华"。

芙蓉的花朵娇艳，在一天里花色会随着时间不断变化，谓之 "醉芙蓉"，以 "微醺、浅醉、烂醉" 的不同状态比喻花色的 "将红、浅红与深红"，可谓妙绝。花瓣遇雨自然蜷缩，让人顿生无比爱怜之心。

后蜀皇帝孟昶，除了喜好绘画之外，也喜欢种花。其为了使老婆花蕊夫人高兴，在成都城头遍种芙蓉。深秋时节花团锦簇，成都从此有了 "蓉城"（芙蓉城）的美誉。

有了帝王的大力推广，芙蓉花自然备受人们喜爱，也成为画师们笔下的绝佳题材。徽宗以一幅《芙蓉锦鸡图》独占鳌头，李嵩和李迪都画过芙蓉，后者的《红芙蓉图》和《白芙蓉图》代表了南宋画院花鸟画的最高水平。

第四张 画

《秋庭戏婴图》

93

第五节　石头热是皇帝"炒"起来的

1. 石头因帝王而金贵

石头也是宋朝孩子的玩物，打水漂、赌石子、耍"陶响"（将石子装进陶器，摇动出响声），无一不与石头有关。当然，孩子玩的都是小把戏，大人们才能将石头玩出水平。

苏汉臣这幅画的黄金分割线上，有一挺拔的太湖石，巨笋一般耸立在花木之间。

假山制作早在秦汉就有了，湖石造景据说始于白居易，在宋朝开始兴盛。宋朝帝王信仰道教，徽宗更是信得巴心巴肝。前文说过，宋朝皇帝子嗣不旺，徽宗虽然早就有子但并不满足，为了让这位道君皇帝及其子孙"多子多寿"，道士建议在汴京东北建造园林"艮岳"以改善风水。

不就是修造一个园林嘛，不就是需要一些石头花木嘛，大运河直通汴京，就在江浙一带取就行了。宰相蔡京马上投其所好，吩咐地方官赶紧张罗。汴京上清宫的东面规划出周长十多里的万岁山，运了几十船石头来，却连山的影子都没见着。

宰相蔡京一看，这事还得慢慢来，连忙奏禀皇上成立苏杭应奉局，让一个叫朱勔的人负责搜罗奇石，一船一船地送到京城。由于当时将水陆编组运输称为"纲"，十艘一组的运石船就被称为"花石纲"。

2. 举国上下找石头

花石纲被今人耳熟能详，源于晁盖等人"智取生辰纲"，杨志在生辰纲失手之前，已经因为翻船丢过一次花石纲。丢了"皇纲"，是杀头的大罪，犯罪者不想死就只有一条路——上梁山。

朱勔官不大，但直接听命于宰相，办的是皇差，天王老子也不敢阻拦。于是乎，什么太湖石、灵璧石、慈溪石、武康石，不管水下还是山上，一律挖掘过来。深山里的花竹，海岛上的椰树，大海里的珊瑚、礁石，凡是看得上眼的，一律搜罗干净。直接夺取远比天然开采容易得多，姓朱的就挨家挨户寻访，哪家有木石、花草，稍微可供玩赏的，立马贴上应奉局的封条，直接运走。

为了保证运输，应奉局强征纤夫，拆掉民房、水门、桥梁，不惜耽误关系国计民生的粮食漕运。各级官吏还借花石纲之名敲诈勒索，给江南人民造成了极大的灾难。

3. 王朝因石头走向灭亡

政和七年（1117），举全国之力的艮岳初具规模，朝廷举办了盛大的庆祝仪式，徽宗还专门写了一篇《御制艮岳记》。

不过，在两年之前，花石纲就停运了。倒不是徽宗已经子女众多无需风水助力，也不是他良心发现体察民情，而是迫于无奈。

宣和二年（1120）十月，一个拥有几百亩漆园、名叫方腊的浙江农场主，发现挣的几个钱都让官府收走了，最终忍无可忍，带手底下一拨工人起来造反，喊出的口号就是"杀朱（勔）"，直接反对官府以花石纲名义进行的盘剥。十二月，方腊带人攻入了地方首府杭州城，对各级官员一通滥杀，把蔡京祖坟都给刨了。

江南危急，大宋的钱袋子受到影响，宋徽宗和一干弄臣害怕起来，连忙将应奉局和花石纲停了，将朱勔父子兄弟全部撤职，同时派出大军前去弹压。

方腊最终被剿灭，但花石纲之祸远没有停止。五年之后，北宋被金军灭亡，艮岳毁于战火，珍贵的石头散落各地。苏州那些尚未编入花石纲的奇石，保存在留园，以"瘦、透、漏、皱、丑"的美学特点诉说着那个富庶而奇葩的王朝。

第六节　九段高手才能进宫下棋

1. 国手与皇帝的对弈

我国的围棋历史相当悠久，由公元前2300多年前的尧帝发明并开始对弈。这不只我们自己说，《大英百科全书》对这一历史也有所记载。从此，"三尺之局兮，为战斗场"，围棋为历代士大夫所推崇，唐朝宫廷喜欢下棋，宋朝皇帝更是带头弈棋。宋朝老百姓也喜欢围棋，苏汉臣的画中，两只红色的棋子罐赫然在列。不仅大人下棋，小孩子可能也会来几手。

太宗赵光义常年带兵打仗，戎马倥偬之余喜欢杀上两盘围棋缓和一下紧张情绪,他的棋艺在军中无人可比。太宗觉得是手下不敢赢,当上皇帝后便在全国各地选棋手,组建棋院。贾玄是棋院中的高手,据说棋艺比唐代国手王积薪还厉害。

太宗叫贾玄下棋,贾玄谦虚,要皇上让三子,每次都还是输一子。下了几盘,太宗发现这家伙是故意输的,就命令他使出全力,如果再输就扔到水潭里去喂鱼,赢了就奖励一套官服。二人再战,结果不输不赢,而因为太宗让了三子,算起来贾玄还是输了。就在被投入水潭之前,贾玄连忙拿出偷藏在手中的棋子。

这家伙确实留了一手!既然给足了面子,太宗也只得作罢。

2. 棋官是文艺职称

贾玄棋下得好,却因酗酒成性英年早逝,太宗自此少了一位好棋友。朝廷和棋院还有杨希紫、蒋元吉、李应昌、朱怀璧、李仲玄等一大批国手,但都比不过贾玄,一方面是艺不如人,一方面可能没有后者会处世。总之,太宗对于贾玄的早逝惋惜不已。

棋院的这拨人都是朝廷的"棋官",职务是棋待诏。棋待诏始于唐朝,设在翰林院。所谓"待诏",没有"品秩",更无实权,但能当上待诏的棋手起码都是"九段高手"。虽然无权无职,但这些棋官与皇帝走得近,可以对皇帝施政带来一些影响。太宗本来对前朝的大臣张洎不待见,但经不住曾受张洎优待的棋官们的多次美言,便将他安排为参知政事。

棋官属于"文艺"序列,能进入仕途当上实职的机会实在

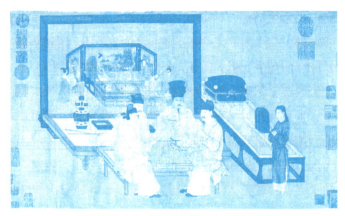

南唐·周文矩《重屏会棋图》(宋摹本)

渺茫，即便祖坟冒青烟，当上教坊使（相当于歌舞、乐团的团长）的人，也只是在本部门晋升为六品官。看来，在宋朝玩是玩不出名堂的，要光宗耀祖，还得走读书科考的正道。

3. 围棋是雅的游戏

宋朝的皇帝有个共同的优点，自己喜欢玩的，也让老百姓玩。全然不像那位叫田登的太守，为避讳"登"字，而下令"只许州官放火，不许百姓点灯（登）"。

太平兴国六年（981），吴越王钱俶刚向宋称臣，太宗就送了他棋盘和棋子，大概是想让他好好研究围棋，不要东想西想的，免得一不留神掉了脑袋。徽宗、南宋高宗和孝宗都喜欢下棋，棋人所写棋书《忘忧清乐集》还得到了徽宗皇帝的题诗。

这本书提到了多个下棋的场所，其一为金明池，其余多为寺庙、道观，比如当时的太平兴国寺、婆台寺、上清宫等。高手选择在清静的地方过招，让围棋的竞技性减少，慢慢形成了一种"士大夫棋"——文人雅士以棋会友，以棋陶冶性情，使围棋走向雅的层面。宋朝的官僚，欧阳修、王安石、苏轼、宗泽等，都是对弈的高手，就因为他们认为下棋能修身养性。

素手拈起黑白棋子，凝神之间，暗含玄机，这也许就是围棋的魅力。

说到棋子，洛阳围棋博物馆藏有宋朝黑白"玄鸟双飞图棋子"，而云南围棋厂研发生产的"云子"，以玛瑙石、紫瑛石等为原料烧制而成，堪称围棋子家族中的珍品。

第七节　玩高兴就不会闹事了

1. 富而不强的宋迟迟不倒

从建国开始，宋朝的政治军事形势就一直不容乐观。

先看看国外。

宋太祖发动兵变，拿下的只是后周，当上皇帝后相继攻取后蜀、南唐、南汉，还给弟弟留下了吴越和北汉。太宗攻打北汉，与强大的辽国结下了梁子。宋朝虽然多次在北方用兵，但疆域步步萎缩，辽、金、西夏、蒙古几股势力此消彼长，时不时南下骚扰一番。

再看看国内。

太宗皇位没坐多久，四川就爆发了王小波、李顺起义，徽宗时宋江率众造反，随后在长江中下游出现方腊起义和南宋高宗时的钟相、杨幺起义，三次农民起义虽然都被镇压了下去，但都建立了自己的政权。

在绝大多数人的印象里，宋朝"富而不强"，甚至实力很弱。

但问题来了，既然弱，为何宋王朝在内忧外患的处境下延续了319年，比大部分朝代都活得久？

答案无外乎是宋朝统治宽松，借助发达的工商业建立起了雄厚的经济基础，对老百姓有相对完善的社会保障体系，面对严峻的国际形势不惜委曲求全换取和平。从另外一个角度看，无论对内还是对外，宋朝统治者都离不开一招"玩"，也就是打和牌。

北宋·苏汉臣《灌佛戏婴图》

2. 让闹市的百姓高兴地玩

宋朝的皇帝和近臣大多爱玩儿，或蹴鞠，或下棋，或喝茶，或作画，在处理很多国家大事时也带着"玩"的态度。他们深知，敌人也好，百姓也罢，只要玩高兴了，就啥都妥了。

王小波、李顺起义前两年的淳化二年（991）就有人暴动，根源在于农民的土地被霸占，沦为赋税沉重的客户和旁户（类似奴隶的佃客）。朝廷了解原委后，取消了"旁户"称谓，撤回"博买务"，准许四川老百姓自由买卖。至于梁山泊，宋朝大将童贯等人根本没放在眼里，随便拿出几个官职，玩了一个招安的把戏，把一伙好汉忽悠去打方腊了。谁知梁山好汉不是方腊的对手，宋徽宗不敢继续玩了，便停运花石纲，派部队老老实实地前去镇压。钟相、杨幺起义规模不大，但全是水军，朝廷不得不派出抗金主力岳飞带兵前往。岳飞主要采取招降，朝廷答应把空闲土地交给农民耕种，对沿湖百姓免除三年租税。

一边打，一边和，宋朝不但瓦解了一次次内部起义，还修正了政策措施，从而让自己变得更加完善。

3. 外交政策的"玩"字诀

宋朝的外交，更是紧扣"玩"字。

宋太祖深谙此道，不管后周、后蜀、南唐这些敌手，还是石守信这些好哥们儿，一律封官赐地，发茶叶、书画，甚至美女，自个儿快活去。太宗得了哥哥真传，让吴越王好好玩棋。

景德二年（1005），宋军射杀了辽军大将萧挞览，宋朝在军事上占据明显优势，但宋真宗同意和谈，达成澶渊之盟。宋朝每年支付约30万贯的"军旅之费"，要回了以前失去的一些领土，双方撤军开榷场，宋以哥哥的身份带辽弟弟玩儿。

绍兴十一年（1141），南宋不惜以杀死岳飞为条件，以"对金称臣，出让淮水、大散关一线以北的国土，缴纳岁币"等屈辱的条件达成和议。南宋与金还有隆兴二年（1164）、开禧二年（1206）两次和议，无非都是土地和赔款问题。

不管外敌如何嚣张，宋朝把握一个打打停停的"玩"字诀，除了少数年份的战争，至少为国家赢得了差不多300年的和平。

第五张画 《炙艾图》

南宋·李唐《炙艾图》

背景介绍：

绘者：南宋　李唐

规格：68.8 cm ×58.7 cm　轴绢本，设色

本卷以朴素写实的技法描绘了南宋时期村医治病场景。作品现藏中国台北故宫博物院。

第一节　烟熏火燎治百病

1. 遍及城乡的艾灸术

　　自从发明了人工取火，我们的祖先向前迈出了一大步，除了御寒、照明、防止猛兽等，一些聪明的人还发现"烟熏火烤"可以缓解痛苦。比如，火烤舒缓疼痛、减轻疲劳，熏蒸去除"寒湿"、治疗热病。早在石器时代，古人就发明了原始的"灸"法治疗；至少在商朝，灸法已经开始普及；在《诗经》和《庄子》里，分别出现了艾草和以"灸"养生之法。

　　到了唐宋，艾灸已经广泛应用于治病和保健。欧阳修的一封信中提到了艾灸术，说它很常见，但门道高深，不是一般人能掌握的，大儿子欧阳发接受了这种治疗，还不知效果怎么样，他的心头很是挂念。

　　有一次，宋太祖探望患病的弟弟赵匡义，亲自烧艾草为其治病。为了不让病人痛苦，他还先在自己身上做试验。兄弟情深，可见一斑。

　　南宋李唐的名作《灸艾图》（或名《村医图》）里，一位游方郎中在桥头村口用艾灸法给人治病。这说明欧阳修所言不虚，艾灸疗法不但被高官显贵采用，更是惠及城市乡村的千家万户。

2. 最终胜出的艾草

在漫长的"火工"治疗期间，人类逐渐淘汰了"松、柏、竹、橘、榆、枳、桑、枣"等草木，发现槐木火灸，可以治病疮，疗效较好的是艾草，可治百病。

说到艾，得回到公元前一千多年，西周时期的周武王带兵打仗，军中流行痢疾，一位叫萧艾的军医不幸感染，他带病出诊时，被士兵们用来驱蚊的火堆绊倒，人被烧伤了，痢疾却不治而愈。难道是驱蚊的无名野草产生了功效？萧艾马上找患病的士兵试验艾灸，果然疗效显著，士兵们的痢疾因此都得到了治愈。周武王得知情况，对萧艾大加奖赏，并给野草赐名"艾"。

这当然只是一段美丽的传说，也有一种说法是"草可刈疾"，取其一半就有了"艾"字。而《诗经》里确实提到"彼采艾兮"，人们采来艾草当然不是为了好看，也不仅仅是为了辟邪，很有可能已经用于艾灸。如果说春秋以前艾灸的医用尚无确定，到了春秋战国时代，艾灸治疗已经很多了，而艾在西汉时的医疗用途更为广泛。

3."烟熏火燎"之法

古代，病人不但能得到"火燎"的艾灸，还可以接受"烟熏"治疗，也就是用中草药煮沸后的气雾进行熏蒸，借热力将药效作用于某个部位达到治病的目的。

熏蒸疗法至少可以追溯到新石器时代，《黄帝内经》里就有记载：关节疼痛、腿脚不灵便，取椒、姜、桂加酒一起煮熏治疗。到汉代，人们采用硫黄、苦参等治疗痔疮和咽喉疼痛。唐朝人的熏蒸治疗更为广泛，甚至用于龋齿牙痛和中风病。

宋朝则普遍采用熏蒸治病，各种熏洗方剂有 163 道之多。《宋史》上提到一位名医王克明，为多日不能说话的"市领导"王安道治疗中风。他让人用火炭烤热地面，然后把药洒在上面，让病人躺上去，病人很快就醒了过来。

中医学的"烟熏火燎"之法简单便宜，效果明显，时至今日依然大量应用于临床。在现代医疗尚未普及的山野乡里，这些治病的"土法"更是大行其道，为解决民生疾苦做出了贡献。

第二节　艾蒿与青蒿差了一个诺贝尔奖

1. 艾草与青蒿是一家

屠呦呦长期致力于青蒿素治疗疟疾的研究并做出了杰出贡献，荣获 2015 年诺贝尔医学奖。青蒿，这个刺鼻苦涩的野草，从此进入大众视野。

艾蒿与青蒿是近亲，同为菊科蒿属，远古时就献身中医药事业，至今并未获得什么殊荣。

看来，植物与人，成功与否都需要一些机缘巧合。

不过在古代，艾草也可算风光无限。

周武王赐名以后，为感谢其治病保健之功，古人把"艾"

的地位抬得很高。比如，将六十岁的老人尊称为"耆艾"，形容女子年轻美貌为"少艾"，古人把养身叫"保艾"，将平安叫为"艾安"。

艾蒿，一种平凡的草木，却被赋予美好、平安、温暖的含义，除用于艾灸治疗，还与一种古老的习俗密不可分。

艾蒿图（出自［日］细井徇《诗经名物图解》）

2. 端午节少不了艾

即便当下的端午节，人们也会在门口挂一束艾草或菖蒲。宋朝的端午节，艾草、菖蒲是家家门楣上的必备之物，人们还会"采艾柳桃蒲，揉水以浴"——用艾草等植物熬水洗澡。陆游笔下的村民，在端午节"粽包分两髻，艾束著危冠"，就是将艾草束插在高帽上，怎么回事呢？

古人认为自春天后阳气上升，而农历五月俗称"毒月"，端午这天更是"阳极之日"，阳气太盛肯定就会产生"热毒""邪气"，需要寻求艾草、菖蒲（除湿）、雄黄（祛毒）之类的植物和药物的帮助。因为艾草有消毒止痒、祛湿消炎等功效，古人相信艾草可以"驱毒辟邪"。

门楣上挂艾草，是为了全家平安；插在帽子上，是保自己平安。看来宋人想得比现代人还要周全。

107

3. 宋人爱艾的习俗

艾草的这种功能，至少早在两晋时期就被人们发挥了出来，宋人则将其推向高峰。

他们除了挂艾草，还会佩"艾虎"。端午节凌晨，宋人天不亮就上山采集艾草，特别要搜集模样像人的，据说用这种草艾灸效果最好。找不到人形的，就取很多艾草编扎成人或虎的形状悬挂在门口。虎形的艾草就叫"艾虎"，实在不行用彩布剪只艾虎，男人将其戴在胸前、腰间，妇女别在头发上。

艾草还会被装进香囊。最直接的是将艾叶捣碎，与糯米混合做成"蒿子糍粑"，有的地方叫"艾蒿馍馍"，吃到口中除了糯米粑粑的软糯而外，还有一股特别的清香味儿。现代人不大喜欢吃了，更多的是取"攘病保安康"的美好祝愿。

也有说端午挂艾草，是为了取火及保存火种的，因为艾叶可以制成易燃的艾绒。无论如何，艾草里含有大量的挥发油，可以抑制甚至杀灭多种细菌和病毒，如燃烧艾草可以驱赶蚊虫、以艾叶烟熏或煮水洗浴，可以预防和治疗流感等。

如此种种正是艾被人们用来"祛驱百虫、辟邪消灾"的根本原因。如此说来，艾蒿与青蒿比起来确实有些憋屈，不过能千百年来一直为人民服务，且被人们念念不忘，也值了。

第三节　为何不打麻药

1. 直接在身上烧烤

> ……
>
> 乘秋作寒热，翁妪所骂讥。
>
> 求食欧泄间，不知臭秽非。
>
> 医师加百毒，熏灌无停机。
>
> 灸师施艾炷，酷若猎（烈）火围。
>
> ……

唐朝贞元二十一年（805）夏天，戴罪之身的韩愈被朝廷赦免，路过湖南郴州待命，饱受疟疾之苦后，写下这首《谴疟鬼》。诗中记录了忽冷忽热、腹泻等症状，医生开了很多中药，同时以艾灸治疗，痛苦不亚于烈火烧烤。

《灸艾图》里那位患者裸露上身，被灸得龇牙咧嘴、双目圆睁，胡须都竖了起来，如果不是被乡亲死死摁住，恐怕早就逃离这如烈火的酷刑了。

有人会说，中医艾灸不过微微有些灼热，如果这般疼痛，谁还会选择这种疗法？

有句话叫"长痛不如短痛"。别说宋朝，直到现代依然有这种治疗方式，它有一个残酷的名字：疤痕灸疗法。取豆大的艾炷，直接在穴位上施灸，将局部烫伤，化脓结疤以治疗疾病。此法常用于治疗哮喘、慢性胃肠病、体虚、类风湿性关节炎等疾病，费用不高，疗效还非常显著。不过如采用此法，灸火的热力、药物的作用以及灸疮的刺激，三者缺一不可，也就是必须烧烤皮肤及软组织，直至化脓结痂，不然达不到治疗和保健的目的。

2. 战国时期就有了麻醉剂

传说在战国时期，扁鹊就开始将麻醉运用在医学上了。到了三国时期，华佗用的麻醉剂叫"麻沸散"，以酒服用，药效竟然可以达到全麻，以满足开膛破肚的腹腔手术。不过，此法还没有得到推广，华佗便被曹操给杀了。

虽然只是传说，但也不能掩盖麻醉技术在我国持续发展的事实。到了宋朝，麻醉术已经有了更进一步的发展。与以前喝酒麻醉和酒药同服不一样，宋朝的麻醉剂主要以中药熬制，还起了一个好听的名字——睡圣散。

南宋绍兴十六年（1146），医学专家窦材在《扁鹊心书》中记载有麻药方子：将山茄花（也叫"曼陀罗花"）、火麻花碾磨成粉，每次服用三钱，小儿药量取三分之一。这种麻药效果已经很好，只服一次就昏睡过去，专门为了对付艾灸的疼痛，对人体还没有多大伤害。

3. 麻药的效果不好

曼陀罗也好，火麻花也罢，或者大麻、乌头，都有麻醉致幻的功效，但毕竟是未经提纯的植物药。古人多以酒送服，以酒助药力，使效力得到成倍提升，而酒精本身也有麻醉的功能，但即便如此，效果也好不到哪里去。

不然，明代大医学家李时珍定然会改进出效果更佳的麻醉剂，而不至于依然强调用好酒与曼陀罗、乌头等药物一起服用。窦材先生的方子，直到清嘉庆十年（1805年），才由日本外科学家华冈青洲提纯，大量应用于外科麻醉。

自唐代开始出现了针灸麻醉，但需要医术精通者方能使用。《炙艾图》里的患者当然请不起针灸高手，没有时间和精力一面喝酒，一面服药，干脆咬咬牙忍了。

第四节　郎中，大夫，还是游医？

1. 郎中，也是大夫

在医学不发达的古代，巫、医不分家，哪怕帝王如齐桓公者，也避免不了因信神不信医导致不治身亡的悲剧。至于普通人家，请来医者，运气好能治愈，治不好就从巫婆神汉那里寻找心理安慰，实际上享受了最原始的"安乐死"。

听起来很残酷，但这种情况在古代持续了很长一段时间。

科学脱胎于蒙昧，总是具有不可抗拒的生命力，医学也一样。我国在周朝时期有了"疾医"，在春秋战国出现了"医师"，秦汉设置太常（治疗百官）、少府（在宫廷内治病），汉武帝时（公元前100年前后）还出现了治疗妇科疾病的"女医"，东汉则有了太医令的官职。医学在大唐盛世获得长足发展，有专门的医疗机构——太医署，"医生"也出现了，但他们指的是专门学医的学生而不是医务工作者，治病的人有"食医、疾医、金疮医"的称谓，但老百姓依然叫他们"郎中"，或者干脆叫"杏林"。

到了宋朝，治病成了一种专门的职业。徽宗年间在医官中设置大（dài）夫、郎中等官职，不过这个大（dài）夫肯定比不过士大（dà）夫，而郎中也不是以前的郎中。到现在，二者统称为"医生"，而过去很长时间，北方常称"大夫"，南方习惯叫"郎中"。

2. 坐堂医与走方医

李唐所绘的治病者，既不是郎中，也不是大夫，他只是一位无官无职的走方医（村医）。

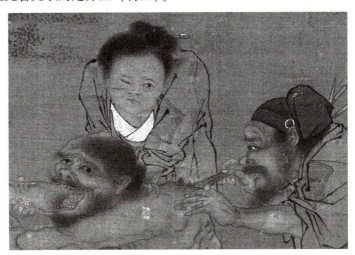

南宋·李唐《灸艾图》（局部）

宋朝的走方医主要活动于城市，具有一定的医术，由于以串铃表明身份，也叫"铃医"。走方医的医术通常都是师徒传承，可以对病人施之以简单易行的医疗手段，用的药也是便于就地取材的草药。

如果在城镇生了病，可以找坐堂医。坐堂，就是守在中药店铺诊脉看病。据说这个名字来源于汉代名医张仲景，就是写《伤寒杂病论》的那位，在他当长沙市领导（太守）的时候，每月初一、十五坐堂（衙门大堂）行医，不取任何银钱。后来，人们争先将自己的中药店取名"××堂"，药铺的坐诊者就叫坐堂医。

走方医的医术参差不齐，甚至有江湖骗子混杂其间。但坐堂医一般不敢滥竽充数，一方面为了自己的招牌，另一方面，如果出了什么问题，药店得负连带责任。

3. 医生的职业道德

不过，宋朝的走方医通常也不敢招摇撞骗，首先官府查得严，其次他们"走方"走不了多远，不少患者已经成了熟人。

画中的村医衣服打着补丁，腰间的医药箱也已经破烂不堪；身体瘦削，须发凌乱，与其他村民一样背部佝偻，说明他并非职业医者，而是在辛苦的农活之余四处奔波。然而，他并没有因为游医身份而怠慢，相反却双目圆睁、全神贯注，有条不紊地治疗，一面要为学徒做出表率，一面尽最大努力帮助患者摆脱病痛，以自己的劳动换取微薄的收入。毕竟，瘦骨嶙峋的患者日子更不好过，为了省钱，连麻药也舍不得用，而是咬紧牙关苦撑。

作为医生，应该具备这种悲天悯人、救死扶伤的情怀，哪怕是行走乡里的赤脚医生，一样应该得到人们的敬重。

第五节　走方医的全套家当

1. 走方医的三大宝

　　走方医别名"铃医"，源于他们的三大宝贝之一：虎撑。在
《村医图》里，我们可以清楚地看到村医腰间的药匣、学徒脚前
的药囊和肩扛的幌子、地上的虎撑。

　　早期医者游走四方，医疗而外兼行巫术，肩扛幌子，手执
虎撑，长衣飘飘，像个卜卦算命的江湖术士。这些四方漂泊的
医者曾经代表了国家医疗最高水准，连曹操这样位极人臣的枭
雄都得找走方医华佗治病，只不过唐宋以后医学开始发展，大
量的坐堂医挤占了走方医的地盘。

　　走方医的队伍良莠不齐，既有具备真才实学的神秘医技者，
也有滥竽充数的"游食江湖"者。人生活在世上，最好的办法
是强身健体，防患于未然，切莫等病上身，切忌病急乱投医。

2. 虎撑

　　虎撑，就是"串铃"，为金属材质的中空圆环，外侧留有小
的开口，里面装有铁丸。

　　走方医手拿串铃，边走边摇，弹丸来回撞击发出持续的声
响，声音能传出很远。铃声响过，人们就知道治病的来了，因
此，串铃又叫"报君知"。

据说"虎撑"之名源于宋朝。有位走方医李次口,经常行走于深山老林。有次看见一只老虎被骨刺卡住嘴巴,模样十分可怜,李次口便将串铃放到老虎嘴里,大胆为老虎取出骨刺。也不知李郎中是否取走串铃,老虎会不会忘恩负义。类似的其他故事里,主人公换成了孙思邈。

反正自那以后,串铃就有了"虎撑""虎衔"等称谓。虽然有了"虎"名,摇铃儿却有规矩,就像厨师的帽子,以高矮论手艺:放在胸口摇,说明医术一般;与肩齐平,医术较高;举过头顶,医术高超。宋朝的虎撑通常会装饰八卦、日月和星辰图案,取其祛凶辟邪之意。

走方医不管医术高低,绝不能在药店门口摇铃,因为里面供有药王孙思邈;另外,游医终归是游医,想要与"坐堂"抢地盘,门都没有。

3. 药囊

115

走方医的药囊,相当于 20 世纪"赤脚医生"的人造革药箱,里面装着常见的医疗器械和药品,久而久之就成了身份的象征。

宋朝的医疗器械肯定不及现代的轻便,药品虽然"简、便、廉、验(灵验)",但全是又多又重的中药材。药囊或是布袋,或是木、竹、藤制作的箱笼,背负肩挑。治病救人也是个体力活啊!

好在李唐为村医安排了一位学徒,将大部分的药材和医具都装在了宽大的药囊里,村医腰间的药匣子只放一些轻便的行医的器具，方便随时取用，为患者做些针灸、拔牙、点痣或去黳的简单手术。

116

南宋·佚名《眼药酸图页》（局部）

4. 幌子

古装的影视作品中，走方医总会肩扛一根竹竿支撑的幌子，用布或纸制成，上书"祖传秘方""包治百病"之类。

这类幌子过于直白，还有虚假广告之嫌。看宋朝的那位村医，徒弟肩上的幌子一字不着，只涂了上下红中间黑的三个圆点，挂在肩膀的布带也有三个圆点，不过是上下黑中间红。有学者认定这些圆点是膏药广告，但笔者觉得它们更像写意的

"眼睛"。中医"望闻问切",望在第一,看医生,瞧病,都要用眼,因此,古代以眼睛代替医生身份。那幅有名的南宋《眼药酸图页》上,郎中身上、帽子上全是圆圆的眼睛图案。

第六节 没有医师证不准上岗

1. 宋朝医药业有法可依

在宋朝当医生、开药铺,哪怕是患者,首先都要了解当时的医药法规,免得看病时出了差错。

建隆四年（963）,宋太祖接受工部的建议,修订《宋建隆重详定刑统》（简称《宋刑统》）法典,刊印颁行全国。

《宋刑统》对医药卫生的规定可谓细致入微,无论医德、医疗事故、百姓医药,还是食品卫生、医疗保健,乃至囚犯的治疗卫生等都有详细的法律规定。为对医生实施保护,律令还对医疗事故以责任和技术区别对待,部分规定让底层人民有了医疗保障。

法典之外,北宋时期朝廷还颁布了多条有关医药卫生的条令,且在整个北宋年间改动很小。共计200多条的法律规定让整个宋朝的人们都有法可依,使得医药事业在隋唐五代的基础上出现了飞跃式发展。

医药事业的发展是社会经济发达后的必然要求,保障了人民健康,进而推动经济的繁荣。宋朝人口过亿,将世界其他国家和地区远远甩在后面,这与领先世界的医药事业分不开。

第五张 画

《炙艾图》

117

2. 官府管理的医官

有了法，还得有相应的机构来执行。宋朝在唐代的基础上，率先将医政和医学分开。想当官，去翰林医官院（局），医政和医疗都听你的；想搞教学科研，那就去太医局。

机构分设，分工明确，是宋朝对医药业做出的又一重大贡献。

翰林医官院（局）相当于国家卫生部，负责朝廷的医药，管理全国的医官。医官的名额不多，开始只有100多人，但架不住暗箱操作，一度超编近1000名；到南宋绍兴三年（1133），朝廷大幅度削减，只保留了43人。徽宗时期，医官从最低从九品的翰林医学，到从六品的大夫（和安、成和、成安），一共22个层级。这不是技术职称，而是官阶，也就是说：官当得大的大夫不见得医术高明。

各州郡，京城设医官10名，其余各州7名，县每万户1至5人。政和元年（1111）设立医学博士和助教各1人，博士和助教唐代就有，也许是现代学位和教师职称的开端。

3. 卖药的管不过来

《水浒传》里，史进与鲁达去渭州街头吃酒，看见自己的师傅李忠："……仗着十来条棍棒，地上摊着十数个膏药，一盘子盛着，插把纸标儿在上面，却原来是江湖上使枪棒卖药的。"

摆摊买药没人管吗？可能确实管不过来，宋朝设有尚药局，隶属殿中省，当官的有十多人，其中仅食医就有 4 名，他们主要为皇帝的医药和膳食服务。本来内侍省于至道三年（997）设御药院，御药院由内侍（太监）掌管，后来皇帝汤药改归尚药局负责。皇帝偶尔也发发善心，会将秘制的"御药"赐给驻边将帅，或者让医官带去慰问疫病流行的灾区。

民间医药的管理怎么办呢？太医局下有熟药所，负责监制和销售成药，是官办的制药厂，同时给官府赚钱。好在宋朝对药品实行专卖，假冒伪劣应该不太泛滥，至于打虎将李忠那样的"打药"，如果不吃出人命，恐怕是没人搭理的。

第七节　药店专卖平价药

1. 药品专卖制度

王安石之所以为后人称道，在于他的变法里出现了不少便民、惠民举措，将药品交由政府专卖即为其中之一。

药品专卖制度由 1072 年颁布的《市易法》保障，任何私自制作和经营药品的都被视为违法。堵缺口同时还要疏源头，四年后，中国历史上第一个国家药店——熟药所宣告成立。熟药所监制、销售成药，每年利润超过 25000 贯，官府见有利可图，迅速开设四家分店，汴京城出现东、西、南、北和商税院东五家熟药所。药店既诊治，又卖药，官府还将熟药所的制药业务剥离出来，开设了两家专门炮制药物的作坊。后来，药店和药作坊分别改名为惠民药局、和剂局。

国家药作坊制造丸、散、膏、丹等中成药和药酒，质量保证，制作精美，深受医生和患者的欢迎。国家药店不但派翰林医官辨别、检验药材，还以平价零售、批发，提供疫病药供给和药品检验服务。

2. 专卖下的私营

与对茶叶等其他商品的榷卖制度一样，朝廷对药材生意也有治理对策。不少繁华的城市，官、私药店共存，生、熟药店并举，还有专门的香药铺。在《清明上河图》中，至少有两家药店，一家名叫"赵太丞家"，除了买药，里面还有医生坐诊，从画面的情形来看，应该是一家私营药店。风流成性的西门庆开了几家药店，是当时有名的富商。

只要面向市场，就会有竞争，商家为了扩大销售，必定要投入一些"广告"。北宋前后，哪家门前悬挂葫芦，定然是药店，而夜间上药店买药，还得看人家有没有挂 24 小时营业的鱼形幌子。

在《清明上河图》中有"赵太丞家"药铺，"太丞"是宋代医生的官职称号，说明这是医馆的民间药店，两侧还挂有"五劳七伤""治酒所伤真方集香丸"的竖额文告牌，这些药铺"几乎各科都有专门的医生，各铺各出卖其专门的专长的丸散等药。"可见当时的广告水平。

3. 打击假冒伪劣

药品直接关乎人的健康性命，做药品就是做良心。在这个方面，宋朝官府首先从自身做起。惠民药局与和剂局严把药品质量关、检验关，严格规范制作流程，严守保质期。自己说了不算，还让朝廷抽派文武官员和士兵，对制药、售药过程实施监督，同时也负责守卫、护送，确保药品的安全。

为了防止药品假冒，官方药品分别加盖"药局印记"和"和剂局记"的印章，各个分店也有各自的公章。此外，官方制定了成药规范标准，以《太平惠民和剂局方》为标准颁行全国，可以防止医生或药店偷工减料，避免受到游医的欺骗。

宋朝对制造假冒伪劣药品、伪造处方和药品商标的，处罚相当严重。某个药铺售出一剂草药，夹杂了一些草梗，一味荜澄茄变成了碎末，被人告到官府，结果店老板挨了 60 下板子，还得带上枷锁站在自家药铺前示众 3 日。这一来谁还上门买药啊。今天对制假售假分子的处罚，不妨借鉴一下宋朝。

每到疫病流行或灾害发生时，往往会出现药品价格疯涨，这种现象在近现代也时有发生。此时，宋朝药局会派医官携带药品，前往疫区诊治、施药，严格控制哄抬急救药品的价格。

即便如此，宋朝医药行业无论官私，假冒伪劣、以次充好现象比比皆是，特别是随着吏治腐败，惠民药局、和剂局逐渐沦为"惠官局""和吏局"。虽然也有查处，但都高高举起轻轻放下。比如南宋惠民五局卖假药，主管和主办分别被降职和留职察看，连屁股都没打一下。

第六张画 | 《绣枕晓镜图》

北宋·王诜《绣枕晓镜图》

背景介绍：

　　绘者：北宋　王诜

　　规格：团扇　24.2 cm×25.0 cm　绢本，设色

　　此画为著名中国古画。作品描绘了两位妇人，一位晨妆已毕对镜沉思，一位伸手向侍女盘中取化妆盒的场景，现藏于中国台北故宫博物院。

第一节　梳妆台的前世今生

1. 历史悠久的梳妆台

卧房三大件，除了床和衣柜，还有一个就是梳妆台。作为一件家具，梳妆台是珍藏女性妆容"秘密武器"的地方，一面大镜子必不可少，储物格、小抽屉、储物柜都可以有，当然还得有一张合适的梳妆凳。

据说战国时期就有了最初的梳妆台，但在相当长的时间，镜台、妆奁是分开的，前者只为观看容妆，后者盛放梳妆用品，比如梳篦、粉刷、夹子、小镜等理容工具和胭脂、唇脂、妆粉、眉黛等"化妆品"，也有的将化妆品存放于专门的"妆盒"。

其实，这种组合式的"梳妆台"很早就是卧房的标准配置；除开卧室，有钱人家的女子还会在其他地方摆放镜台。比如苏轼的梦里，依然有妻子生前"小轩窗，正梳妆"的情形。梳妆台不但可以美容化妆，还是浮想联翩之地；特别古代妇女大多独处闺阁，满腹委屈和情愁往往只能对镜中人诉说。

无论絮叨千百遍，镜子里的我总是无言以对，于是"梳洗罢，独倚望江楼"，看那千帆过尽，只能独自"肠断白苹洲"了。

2. 工艺复杂的梳妆台

"梳妆台"因储物和不储物的需求差别，也就有了"镜台"

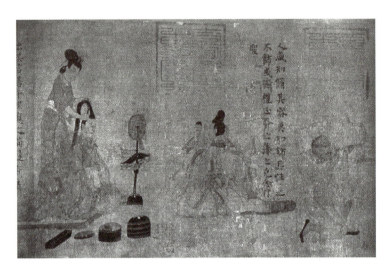

东晋·顾恺之《女史箴图》(局部)

"妆台""镜奁""妆奁""宝奁"等称呼。在顾恺之的《女史箴图》中，三位宫女正在梳妆打扮，镜台与各类盥洗用具、首饰盒、化妆盒分开，也有单独的铜镜。

唐代的能工巧匠马待封制作了一架梳妆台，专供皇后使用。梳妆台上面的中间是镜子，下面有两层的柜子，外面装饰得金碧辉煌。看起来很普通，但柜子里居然安装了一个木质的机械人，可以为女主人递送面巾、脂粉和眉黛髻花等各种饰品。

马待封所制造的应该是接近现代的梳妆台，这玩意儿如果能传下来，不但是价值连城的文物，说不定还可以给现代机器人研究提供一些启示。

不过直到清朝中期，中国家具都没有专门的梳妆台，梳妆匣或镜台只是其他家具的附属品。清代后期，才出现上面有镜架（安装玻璃镜）、小厨格、屏围的梳妆台，还发展出宝座式、五屏式的豪华版。

3. 从落地式到便携式

顾恺之画中的女史和王诜的贵妇面对的都是镜台，但稍微留心一下就会发现，前者的镜台是落地式，后者则置于案几之上。这是因为唐代及以前人们要么席地而坐，要么坐矮凳，那时的镜台由支架支撑，支架中间设置木台，可以放简单的梳妆用品。

五代以后流行起高足家具，宋人大多使用放在桌上的金属镜台。宋朝这位贵妇的镜台有双层金属构架，上下两层都铺了黑色细丝毯，一面菱花铜镜搁在上面一层的白色花牙式镜托上，下层是空的，可以放置妆具。

与画中有所区别的是，宋朝广为流行的镜台不能储物，但可以折叠，便于携带。那时的铜镜虽然不像现代的玻璃镜轻便，但至少方便移动，可以让众多的女子共享。

125

第二节　轻奢的妆容术

1. 化妆由简到繁

在诗人元稹的笔下，美女梳妆的流程是这样的：敷上厚厚的粉，用胭脂慢慢点染；画雾眉，打腮红，将小梳子插在头上，在嘴角画上酒窝……

这一番打理，没半个时辰下不来，美女不得不天刚亮就起床化妆，如果"懒起画蛾眉，弄妆梳洗迟"，非得耽误事不可。

在我国，女子早在夏商周时期就已经在化妆了，但直到春秋战国，化妆也不过点到为止。人们眼中的美女，是身材匀称的窈窕淑女，是"桃之夭夭"的健康女子。到了秦朝，宫廷里才开始化红妆，描翠眉。那时的女子依然保守，几百年过去，却只在额头画上一道胭脂红。

唐代经济繁荣、社会开放，妆容术走上一个高峰。女子化妆流程复杂，敷粉、抹胭脂、涂额黄、画眉、点口红、画"酒窝"、贴花钿。每一个环节又有很多方式，还要插上梳子、钗、簪等繁杂的头饰。

126

当然，这也是有钱人家女子才能玩得起的，比如杨贵妃，时刻备有

北宋·王诜《绣枕晓镜图》（局部）

上等唇膏、眉黛、妆粉、胭脂和许多首饰，又有众多宫女侍候。穷人家的女子，依然只能清水芙蓉，素面朝天。

2. 好看不过素打扮

唐代的浓妆艳抹在五代时期慢慢收敛，到了宋朝，女子又恢复了淡雅的妆容。当然，她们崇尚的已不是简单的素淡，而

是清新、雅致，倾向于自然表达的妆容，是那种"理罢笙簧，却对菱花"的"淡妆"。

当时的化妆术已经相当成熟，女子掌握了画眉、油面、涂面、抹粉、穿耳、涂脂、妆靥、斜红、额黄、花钿、点唇等方法，但大多施以淡妆。毕竟社会风尚是素和雅，是有一定文化内涵的美。王弗、李清照、朱淑真等，都因饱读诗书赢得风华绝代的才女之名。

底层女子，特别是那些以色艺谋生的各种妓女，依然要化浓妆，不过会招来文人士大夫的讥讽和嘲笑。松梅竹兰素淡得好，但是，浓艳的牡丹芍药也赏心悦目。因此，讥嘲归讥嘲，这些正人君子青楼照逛不误。那位被苏轼比作"一树梨花压海棠"的张先，醉眼迷离之际，眼中的歌妓"媚脸已非朱淡粉，香红全胜雪笼梅"。男子多好色，色当然不是越素淡越好。

3. 淡妆最考手艺

淡妆像白描，最能体现化妆者的功力。宋朝的化妆师技艺高超，深谙浓妆淡抹、以妆容突出女子天生丽质的美学原则。

眉目传情，眉毛是化妆的重点部位。据说唐玄宗来四川的时候，让画师绘就《十眉图》作为化妆的范本。让女子剃掉眉毛，再以石黛等颜料描画，美其名曰"黛眉"。这不是多此一举吗？并且那些粗大的眉毛，实在有些吓人。宋朝发明了轻煤点眉法，轻易地突破"十眉"达到"百眉"，这就有选择障碍的麻烦了。

宋朝有多种唇脂，除了各种各样的红以外，宋人还喜欢红中带紫的檀色。

画完眉毛和嘴唇，应该照顾额头和脸庞了。宋朝妇女喜欢在额头涂抹黄色颜料，这类似鹅头的妆式，居然源于宫廷，也不知是不是受了前朝"贴花黄"的影响。为配合口红，女人会用红粉涂抹面颊，也就是传统的"红粉佳人"。更多的女子在面颊涂抹淡粉，以薄妆示人。

还有素妆、泪妆、檀晕妆、梅妆、佛妆，算得上是宋朝的潮流了。

第三节　一切为了女人的脸面

1. 女人案几上的物件

在《绣栊晓镜图》中，案几上女子的右手边有一个三层子母漆奁（盒），盖子敞开。左手边有一只白瓷水盂，下面有白瓷托盘；靠桌边是两只剔犀黑漆粉盒，侍女端着葵口漆托盘，里面还有五个同样的盒子，一般用来装胭脂、眉黛和唇脂等化妆品。

宋朝制作工艺高超，这个梳妆盒为木质漆器，菱形，共有三层，第一层放置了大小相同的小漆盒，可盛放不同梳妆用品，因此叫子母盒。水盂本是文房用品，被称为"文房第五宝"。这里用来盛水，为卸妆洗涤之用，上面有个精美的荷叶盖，想必是上好的官窑出品。

瓷器而外，几只黑色的小盒子也是难得的工艺品。"剔犀"源自唐朝，需要制胎、髹漆、描绘、剔刻和推光五个步骤。特别是髹漆环节，分别要对每件漆胎的红黑 10 层漆至少髹 10 遍以上，耗时 100 多天。制作剔犀漆器的工艺一直深藏宫廷，非皇亲国戚不得使用。

画家王诜是驸马，而剔犀漆盒进一步表明了画中妇人的身份。

2. 珍贵的胭脂盒

宋人如果能搞到一个剔犀漆的胭脂盒，追女孩子就容易多了。但如此珍贵的盒子，普通人难得一见，更别说用了。

宋朝女子一般用瓷盒盛放胭脂、香粉，而胭脂盒、粉盒作为女性闺房之物，价格自然不菲，定窑、邢窑等名窑瞅准这种盒子的高附加值，开发出了精美考究的产品。

有一种典型的宋朝邢窑的青白釉胭脂盒，釉面白中带绿，盖子和罐之间以子母口相扣接。罐内有三条分隔，分别隔开三只小碗，可以盛放不同颜色的脂粉。这样的瓷盒产品从隋唐到金元都有生产。

南宋贵妇黄昇生前用过的粉盒、铜镜、银盅、银碟等被装进漆奁，其中盛放着一个三层六角葵瓣型的漆粉盒，于 20 世纪 70 年代重见天日。

3. 生态天然化妆品

宋朝的化妆品大多取自天然。如粉底，最早是直接用小米磨成的米粉，后来炼丹术发现了铅粉。铅粉有很好的黏着性，很快替代了米粉。为了去除毒性，人们在铅粉里加入一些白色的中草药。宋朝，人们将铅粉和米粉做成固体，方便运输和保存。

宋人画眉有专用的墨，制作方法很简单：点一盏麻油灯，火焰上方覆盖一个小碟，随时扫下凝结在上面的烟墨；加入麝香或龙涎，滴少许油与烟调匀即可。

古人化妆尚白，喜红。唐宋有一种"桃花妆"，主要化妆品便是胭脂。先敷上粉底，再取胭脂在手掌揉散，然后涂抹在脸颊上，因为浓淡的不同，呈现酒红、桃花红、彩霞等不同色彩。我国原本没有胭脂，很长一段时间，胭脂都是舶来品。大约在三国时期，人们取朱砂的红色，但太贵，后来从红花、胭脂虫中发现红色材料。唐代可以从二三十种植物中提取红色物质制作胭脂口红。到了宋朝，胭脂口红就成了寻常之物。

宋朝没有指甲油，女子便取凤仙花的汁液染甲，雅称"金凤染指"。南宋人采摘红色的凤仙花，捣碎，加入少许明矾，涂抹在指甲上，用布帛缠住，反复三五次，指甲颜色如胭脂一样绯红，并且经久不褪。由于方法简便易行，宋朝妇女时兴染甲之风，连七八十岁的老太太也不例外。

第四节　屏风后的秘密

1. 床榻上的枕屏

画名为《绣栊晓镜图》，"栊"指窗棂木，也有房舍的意思。画中林木葱茏，近处白花盛开，王诜大约去绣楼寻人不得，朝窗外一看，妇人已经梳洗罢，去了庭院。

南宋·赵伯骕《风檐展卷图》

院子里的家具除了梳妆桌，还有妇人背后的一张卧榻，榻上有一张枕屏，除此别无他物。这张屏与榻一样宽，不及半人高，与当时的大型座屏相比，它更矮、更轻巧，造型也更精美；红漆镶边，突出屏面上的一幅山水画，下面还有裙板。整座屏与榻有一定的悬空，由卷云形站牙和抱鼓底座支撑。

这是一张与凉榻配套的枕屏，可以起到一定的屏蔽作用，更多的是装饰，并无法"屏风"。不过，有了它的分隔，卧榻与化妆桌就成了不容人染指的两个空间。

宋人有设枕屏的习惯，而在书画盛行的当时，自然不会放过屏风上的大块留白。南宋宗室赵彦卫在宫廷里值夜班，将衣服挂进竹帘，对着枕屏上的"风云鹭鸶"把玩良久。

这幅鹭鸶是哪位大师的作品呢？不得而知。

2. 枕屏在宋朝最兴盛

枕屏当然不是宋人首创。美剧《权力的游戏》里那个可怖的"铁王座",椅背上的尖刺就相当于屏风,但终归是艺术创造。殊不知我国的大禹老早发明了屏风,而在周朝已将屏风设在皇帝宝座背后,历代王朝用以显示天子威仪。

民间也出现了各种各样的屏风,为平淡的空间丰富了更多的情趣和情节。随着凳(椅)的出现,高大家具替代了大多数屏风,床上屏风逐渐出现。

唐代,"枕障"(枕屏)独立出来;宋朝有了专门的卧床(榻),各种类别的枕屏相继出现。在《风檐展卷图》中,凉亭下白衣人的凉榻一端就摆放一座小屏风,挡住了院中小儿的喧嚣。小巧精美的枕屏深得文人雅士宠爱,欧阳修有张一尺多高的素屏,随身携带,倍加珍爱。

132

后来,床榻逐渐自带围栏,到明清时更出现用蚊帐四面隔离的"架子床"。枕屏失去了遮蔽、挡风的意义,逐渐消失在了家居世界里。

3. 枕屏大多是摆设

宋朝的领土大多在秦岭淮河以南(南宋更是如此),气候比现在温暖得多,人们首要考虑的不是防寒保暖而是散热通风。因此,宋朝的屏风大多用竹木框架,糊上轻薄的纸或绢,秋冬季节可以挡挡风,更主要在于营造一种独立的空间感。特别是夏日酷热，人们用瓷枕纳凉，凉床上的枕屏便成了装饰。

枕屏为的是防风，防的是损伤肌体的邪风，因为风无处不在，枕屏也就有了存在价值。不过，任何东西实用功能固然重要，用得久了，往往就成了一种习惯和情感寄托。"花影重重叠绮窗，篆烟飞上枕屏香。"有才女如朱淑真者，如果没有枕屏留驻篆烟，那种独对夕阳的惆怅恐怕要减去几分了。

第五节　宋朝女子的装扮

1. 宋朝女子的服饰？

有人说受程朱理学的影响，宋朝女人保守得很。这其实是误解，毕竟理学在南宋后期才成为显学，真正深入人心则是明清两朝的事。

宋朝的女子服装大致可以分为公服、礼服和常服。公服是皇室贵族妇女穿的，《绣栊晓镜图》里的两位贵妇穿着都很保守，丫鬟更是裹得脖子都看不见。礼服就更不必说了，谁敢在祭祀场合露胳膊腿呢？

北宋·苏汉臣《妆靓仕女图》

至于常服，大可穿得随便一点。"强出娇羞都不语，绛绡频掩酥胸素"，素淡的纱衣掩映隆起的胸脯，尺度较大。

在本书第三张画《茗园赌市图》里，那位手提茶瓶的卖茶女露出了部分胸部。《骷髅幻戏图》上，男子在前面表演拉线木偶，妇人在后面毫无避讳地撩开低胸装。南宋的《蚕织图》里，妇女们也露出了一点胸部，这还是在料理蚕事的车间里。

2. 豪放源于社会风气

人类的穿衣打扮，从来都是社会风尚的直接反映。

前文多次提到，宋朝经济繁荣，在城市里，无论男女都可以自由随性地生活。有人说《水浒传》是"男人的传"，但恰恰是那几位被批评的负面女性，也道出了宋朝女子的自由开放。孙二娘、顾大嫂、王婆做生意谋生，潘金莲、阎婆惜、潘巧云大胆地追求男欢女爱，这放在其他朝代是不可想象的。与男子广泛接触，宋朝妇女特别是职业女性，会自然而然地秀出自己的事业线，并且为了工作方便，也不可能裹得严严实实。

宋朝乐伎代表上层社会女性的流行趋势，而酒楼茶肆的歌舞伎则因为工作需要，通常是"抹胸加褙子（腋下开胯的直领对襟）"的穿着，露出丰腴的胸部。

普通妇女平日里都会穿抹胸装，节假日夜游，更是穿着随意，笑语盈盈，成为街市上一道美丽的风景。

第六节　宋朝贵妇的低调奢华

1. 宋朝贵妇这样穿

宋朝女子的穿着总体上是襦裙，即"上襦下裙"，上衣是短袄，下面是裙子。按规定，普通妇女只能用浅色的布缝制衣服，颜色不能过于浓艳；上层妇女的服饰讲究修身、颀长，可以自己选定颜色；到了嫔妃这个级别，衣袖宽大，长裙飘飘。

无论贵贱男女，宋人都喜欢"直领对襟式"的上衣，外衫干净利落，而不像隋唐仕女那样衣带飘飞。宋朝中后期，一种中长的窄袖衣流行起来，

第六张画

《绣枕晓镜图》

135

宋·佚名《宋仁宗皇后像》（局部）

女人穿上很显身材。不过下面是有很多褶皱的裙子，可能为了方便活动。宋朝女人穿着长袍，那她多半要去宴会上表演歌舞，如果不是，就有可能是去从事特殊行业。

2. 低调奢华的服饰

宋朝女子不追求花枝招展、珠光宝气，而是注重衣料的质地，讲究服饰的搭配，以期达到整体和谐且高雅的低奢之美。

画中的三位女人，镜前贵族女子的衣服很明显顺滑、流畅，不难判断出她的衣料肯定是丝织品，虽然可能没有用到繁复的刺绣、印染工艺，但质地无疑非常高档，可能是考究的暗花织物。

隋唐五代喜欢在衣服上刺绣花、鸟、兽的纹样，手法大胆而夸张。到了宋朝，人们会在领边或者袖口绣上装饰，虽然绣面不太大，但都是写实的花鸟，绣工的手艺必须非常精湛，造价自然不菲。

宋朝很少有男子戴条大金链子在街上晃悠，女子也很少直接穿金戴银，但他们会将"金丝银线"以纺织、镶嵌等方式与衣帽鞋袜融为一体。《绣栊晓镜图》里的贵妇看起来低调朴素，指不定领子、袖口或衣服下摆就有金粉或金丝工艺的装饰。她头上的装饰也并无金银珍宝，甚至很简单，但看看头顶的那一顶玉冠，绝非一般人家所能消费。

3. 朝廷禁止奢侈

宋朝不是很富裕吗？平民百姓穿戴朴素可以理解，贵妇人怎么也如此低调呢？

这些与朝廷的反腐有关。宋朝有一些不成文的规定，比如"官员不入酒肆"、王公贵族"不得取食味于四方"，这就刹住了吃喝风；而不少受儒家教育的官吏不但能洁身自好，还敢于与奢靡之风作斗争。比如有大臣向宋仁宗反映，这几年有些官员太奢侈了，以至于高档服装卖出千万文的天价；有的直接参奏御史中丞张方平，你一个负责监察的中央大员，丫鬟身上的便装价值百升粮食，这还了得。

太祖开朝就对官员实行"高薪"政策，多发钱的目的是"养廉"而不是助长奢靡。对于奢靡之风，朝廷也不是没有整治。端拱二年（989），太宗就规定命妇（有封号的妇女）级别以下的妇女，不得用金装饰衣服。宋真宗更是直接禁止民间制造黄金用品，他于1015年连下四道诏书，禁止18种制作黄金饰物和器玩的方法。南宋末年，皇帝准备过苦日子，自个儿也不许穿戴金银珠宝。

朝廷"禁奢"对净化官场生态确实起到了一定作用。两宋确实没有出现和珅之类的大贪官，但赵家恰恰没管好自己的人。宋徽宗修建奢华的皇家园林，直接葬送了北宋的大好前景。

第七节 扬眉吐气的宋朝女子

1. 有钱就有底气

俗话说：嫁出去的女儿泼出去的水，可在宋朝，这水可不能白泼。

嫁妆是必须要准备的，不但要有，还要在结婚前就给男方写清楚具体都有哪些。那时候可不是仅仅塞个大红包、买几件家具或电器，有钱人家会直接送田产。男子可别得意太早，也别打"傍富婆"的主意，法律虽然规定"女适人，以奁钱置产，仍以夫为户"，"妇人财产，并同夫为主"，嫁妆随人来到夫家，已经是夫妻的共同财产，并且在夫的户头上，但还有一条"妻家所得之财，不在分限"，就是说，夫家在分割家产时，不能将女方的嫁妆纳入其中。

女方拥有嫁妆的所有权和处分权，如果改嫁还可以带走。法律还规定，"父母已亡，儿女分产，女合得男之半"，娘家双亲去世，女儿还可以分得财产，虽然只有兄弟财产的一半，但毕竟是自己的。

有了可供自己支配的财产，女人可以不再看男人脸色行事，说话做事就硬气多了。

2. 不在一棵树上吊死

宋朝女子可不会从一而终，日子过不下去，那就离婚吧。并且，女方主动提出离婚也是很正常的事，甚至这种情况还比较多，多得当时的男子都看不下去了，抱怨"为妇人者，视夫家如过传舍"，意思是女人们把夫家当成了旅馆。

离就离，反正有法律撑腰：丈夫不能养活妻子的、丈夫离家三年不归的、被夫家亲属侵犯的，女方都有权利提出离婚。夫妻感情不和的、丈夫太穷的、家暴的、丈夫"包二奶"的，都可以离。但毕竟是少数，估计那位抱怨的宋人在县衙上班，专门负责"婚姻官司"，所以见得多了。

如果女人都这样，社会岂不乱了套？不会乱，因为宋朝没有贞节牌坊，女人离婚或丧偶，完全可以再嫁。人们不但不歧视再嫁妇女，还鼓励再嫁，甚至三嫁。著名词人李清照死了丈夫，还在晚年改嫁给一位文人，不过此人并非真爱，而是看上了李清照的大笔财产。说到底，还是财产重要，那潘金莲花容月貌，就因为没钱，只能随了又矮又黑且没有共同语言的武大郎。

3. 妇女能顶半边天

宋朝有钱人家的女子夫家富裕，娘家又给了不菲的嫁妆，只需负责"貌美如花"；寻常人家的则需要"挣钱养家"。

除了在农村采桑养蚕、养牲畜、做家务，妇女还大量进入城市劳动力市场，如香药铺、银楼、成衣店、绸缎庄、旅店、酒肆、茶坊、药铺、饮食店等。有的老板是女人，比如《水浒传》里就有好几位女老板，有的做服务员。宫里有很多名为"尚食娘子"的

南宋·刘松年《宫女图》（局部）

女厨师，而很多厨艺高超的民间厨娘被富家争相聘请。宋朝的缫丝、纺织、印染等行业是女子的天下，如《蚕织图》里就有清一色的女工。在勾栏瓦肆、酒楼茶馆等地从事歌舞表演等服务业的更比比皆是，而社会对她们也有很高的宽容度。

宋朝妇女有了财产权、就业权，在其他方面也尽量与男子平等。像李清照那样的才女，也可以抛头露面喝醉酒，普通人家的女子逛街喝茶也就正常不过了。至于杨门女将、梁红玉等带兵打仗，也不足为怪了。

第七张画 | 《江帆山市图》

北宋·佚名《江帆山市图》

背景介绍：

绘者：北宋　佚名

规格：28.6 cm×44.1 cm

整幅画用色清雅，描绘的是两峰回抱，山寺、野店掩映，近岸处船只、客商往来，一派繁忙景象。此画未署名，很难考证作者是谁。但据笔墨画风分析，应是接近北宋燕文贵时代的作品；现存中国台北故宫博物院，为限展品。

第一节 官府助推旅游经济

1. 官府倡导旅游

《江帆山市图》里内容颇多,从航船、驼队、客舍、客商送别等元素来看,作者似乎有意呈现一幅客旅匆匆、旅途繁忙的风俗场景。我国古人早就开始旅行,但在今人的印象里,似乎只有明代的徐霞客才是真正的旅游,更早的张骞等人是出使,而玄奘西行是取经学习。

这种认识当然是不对的,古人在个体旅游之外,早已开始了集体出游。

在历经 2000 年不改名字的成都,市民从唐代就有了"大游江"的习惯。"江"是城里的锦江,"游"是乘船游,人多的时候,船只上百艘,船上的音乐喧闹响彻数十里,岸边看热闹的人围得像城墙,官府担心出事,还不得不安排五六千卫兵维持秩序。游赏之风经过五代的延续,到宋朝达到顶峰。

成都的旅游休闲与官方的倡导密不可分。在苏轼的记忆里,成都太守的出游计划,通常从正月初二开始,直到四月十九日花开时节才宣告结束。那位兼任四川省和益州(州府在成都)领导的田况,不但与民同乐,还写下了 21 首诗歌吟咏成都的游乐。

成都地处天府之国腹地,但毕竟位于西南一隅,要说宋朝的旅游,开封、杭州、扬州等城市要繁盛得多。北宋在开封修建了皇家林苑"玉津园",辟有动物园区,养殖各国进贡的珍禽异兽，吸引了大量游客。节假日里，官府还会在金明池等地组织博彩和公共娱乐活动，引导市民游乐。

2. 充裕的法定假日

成都太守从春节一直耍到春暖花开，有人不禁要问，他不需要上班理政吗？

当然要，四月十九日上班，正赶上春耕，而太守外出时基本上是"法定假日"，一点也不耽误事。

宋朝制定节假日首先考虑节气，其次照顾人们团聚、祭祀等活动，通常按重要程度分三等：第一等各放假 7 天，共计 35 天，分别是春节、元宵节、寒食节、天庆节、冬至；第二等如天圣节、夏至等各放假 3 天，7 个假日和节气共计 21 天；第三等各放假 1 天，有立春、人日等 21 个节日，共计 21 天。

宋人没有"双休"，但每月有 3 天旬休，一年就是 36 天。全年休假总计 113 天，与我们今天的休息日相当。

宋朝的公务人员还有"婚假"，包括亲人结婚也有假，这确实比较人性化；也有"探亲假"，但按规定必须与父母距离三千里以上，能享受的只是极少数。

在官营作坊（相当于国有企业），普通工人每年都可以享受 60 天的休息。至于私营手工业者、占国民绝大多数的农民，假期是可以随便游玩的，但能不能玩得尽兴那就是另外一回事了。

3. 文人引导，官府助推

这么多的闲暇，又这么自由，宋人如何打发时间呢？少数人经商，大多数当然是旅游！

宋朝的官员数量庞大，大多数是文士，因为官府实行高薪养廉，他们无须借"考察"之名公费旅游。两宋建立起完备的科举考试体系，大批学子和举子从外地来京（或省城），其中相当一部分人将求学和赶考变成旅行，所谓"读万卷书，行万里路"。这两拨人里有众多的文人墨客，他们放松身心，纵情山水，对旅游有了更为独特的认识和人文感悟，不仅丰富了旅游文化，还引领了旅游风潮。比如，欧阳修户外徒步旅游，还在山上野餐、喝酒、游戏，不顾苍颜白发与民同乐；苏轼在湖北多次夜游，在黄州承天寺、赤壁等地，留下了独到的旅游体验和人生感悟。

文人雅士类似现在的资深驴友和户外探险者，以脍炙人口的游记、诗词引领宋朝的旅游风向标。再加上官府的提倡和促进，宋朝进入了全民旅游的大好时代。

第二节　艰苦的长途旅行

1. 马少船多路遥迢

旅游，无旅不成游，首要的是出行。

我国秦代"车同轨"以后，建起了遍及全国的"高速公路"——秦直道，供车马驱驰；汉唐时期，各种马匹竞相驰骋，从中原大地直到大漠戈壁；到了宋朝，人们出行，水上主要依靠船只，陆地则乘牛车，还有这张画中客商所用的驴和骆驼。

宋朝为何不像前朝一样广泛使用马匹呢？

北宋·佚名《春江帆饱图》

一方面，宋朝的马不多，普通百姓根本骑不了，具体原因在后面会详述。另一方面，两宋的疆域主要在现在中国领土的南方，河流密布，水量充足，除开长江、黄河、淮河、珠江、岷江、乌江等天然河流，还有纵贯南北的大运河。宋朝运河继承自隋唐的遗产，并在以前京杭大运河的基础上，过徐州转而向西北，将北宋首都开封联结起来，在今天的郑州汇入黄河。运河沟通了黄河、长江两大主要水系，实现了全国大多数人员和物资的转运。官府还疏浚其他河流和沟渠，构建起全国的内

144

河航运体系，并且当时的中长距离运输，水运比陆上运输优势明显。

"京口瓜洲一水间，钟山只隔数重山。"既然王安石认为坐船方便又快捷，那么又何必忍受路上的连日颠簸呢？

2. 有钱好享受，没钱只能吃苦

如果特别有钱，或者官府报销差旅费，宋人完全可以单独租艘大船，类似于现代私人游艇待遇的长途旅行是相当愉快的。王安石在"舟过长芦寺"时，暴雨如注，便泊船住下来，关上舱门，一家人其乐融融——"回灯只欲寻归梦，儿女纷纷强笑言。"

绝大多数的平民没有那个经济条件，只能买张船票搭乘客船。因为当时船速缓慢，旅行一趟耗时太长，客船为追求经济效益，混装货物的现象十分普遍。比如《江帆山市图》上正在江面航行的这艘，从甲板的上层构造来看，肯定是客船。但估计船老大已经将船舱、桥楼等地装得满满当当，船头也装载了货物，那位当官的旅者在船舱待久了憋闷，离岸很远便带着随从来到船顶透气。

白天还可以去甲板或船顶打望风景，到了晚上，狭窄的船舱拥挤不堪，疲惫之时，恐怕只能学明代学者张岱《夜航船》里的那位僧人，不得不"拳足而寝"了。况且在帆船时代，三四百里航程往往要耗费一个多月。如此漫长的旅程，也只能走走停停当旅游了，如果急着赶路，那就变成苦差事了。

第七张画

《江帆山市图》

145

3. 船的大小得因河而定

有人不禁要问，宋朝生产力发达，就不能把船造大一点，对交通补贴一点，让老百姓走得顺畅一点吗？

宋朝哪怕是北宋，造船能力是一点问题都没有。不说海上，就长江、黄河或湖泊之中，就有很多巨大的帆船，而且为了船只通行，城市的桥梁都建得非常高大，比如《清明上河图》上的虹桥。官府也不是不愿意补贴，毕竟朝廷乐见全国的人和物都快速流通起来。

但大船需要宽阔的航道，需要突破桥梁的限制。一旦驶离大江大湖来到山区，航道狭窄，船只必须造得非常窄长。比如在盐都自贡市，河水浅航道狭窄，人们发明出一种奇怪的橹船，头尾歪斜身子长，每只船大约能运盐 12 吨。如果河（湖）滩太浅，或桥梁低矮，船只要么变成宽大的平底船或木筏，要么像江南小镇使用小小的乌篷船。

另外，官府倒是造了不少大船，但这些庞然大物需要较多的制作费用，运行成本也不菲，一般用于作战、海航或者漕运。普通老百姓出门旅游还是忍一忍，坐小船吧。

第三节　水路不通，只能走旱路

1. 大容量的牛车

《江帆山市图》里的旅店门口，有两只驴子驮着货物；远处的山道上，一支驼队正向山口走去。为什么没看见马？宋朝马匹紧缺，打仗和跑邮差都不够，至于民间的陆上运输，一般是牛、骡、驴、骆驼，丑是丑点，将就着用了。

"骑驴看唱本，走着瞧。"驴子速度太慢，牛、骡、骆驼等也快不到哪里去，还把屁股硌得生疼。宋人受不了这份活罪，就大量地造牛车。速度慢不要紧，可以尽可能追求大容量豪华型的牛车。

宋·朱锐《溪山行旅图》

147

宋朝牛车通常两个轮子，轿厢可以是很简单的几方木板，也可以设置顶棚，内部安装软椅、张挂锦绣珠帘。牛车每辆可以载重三百公斤，行驶平稳安全，是长途旅行的重要交通工具；牛车也广泛地穿行于街市，可千万别觉得难为情，很多大官都乘牛车出行，而仁宗皇帝还曾坐牛车视察工作。

《溪山行旅图》里有一辆三驾牛车，车身高大，有拱形的车篷。车子由三头牛分成两排三行牵引，一位驭手照顾牲口，车后一人骑驴相随。车厢尾部堆放行李，似乎还有一只宠物狗，想必是一家人远行，轿厢内还坐着家眷。

宋朝的载重牛车可以装载两吨货物，通常会用几头牛牵引，下坡时还要用牲畜反向拉拽，起到刹车的作用。设想一下，驾驶一辆笨重的大牛车，行走在崎岖的山道上，可不是一趟轻松的旅行。

2. 独轮车也不错

除了畜力车，宋朝还有人力车，比较常见的是独轮车。独轮车载重量可达 300 斤，保持车辆平衡、控制车速可不是一件容易的事，往往要一人牵引，一人扶持。如果载的东西不多，也可以一人驾驶。《水浒传》里李逵回家接老娘，就是一个人推的独轮车。

独轮车很适合乡村小路，为了方便行驶，人们还在山道上凿出车辙，就像火车轨道一样，车轮只要"合辙"就可以很好地保持平衡和稳当。所谓"合辙押韵"就是这么来的吧。不过人为制造车辙的做法倒不是宋朝首创，秦始皇的"车同轨"就是统一了全国的车轴长度，从而统一了车辙。在今天的古驿道上，依然可以看到类似的历史遗存。

《清明上河图》里出现了独轮驴车，车子安了辕，驴子抢了人的生意，但还是需要有一个人来驾驭。

3. 实在不行雇顶轿子

差点忘了，那时候还有轿子。宋人跑短途，士大夫通常骑驴（或骡），达官显贵则坐轿。轿至少在我国夏朝就已经出现了，在隋唐广泛运用于出行，而"轿"这个名字是宋朝的首创。轿子全靠人力，坐轿比驴或牛车都要安全平稳，并且还可以获得一种凌驾人上的优越感（这也许是轿子直到民国依然流行的原因之一）。因此，北宋人有了几个钱，就都喜欢坐轿子，老百姓乡下走亲戚坐一坐也就罢了，就连跨省的长途旅行也坐轿。"是个人就坐轿子，成何体统！"某位大臣终于看不下去了，给太宗皇帝奏了一本，皇帝当真下诏："非品官（一定级别的官员）不得乘暖轿。"

所谓暖轿，就是有轿顶、轿帘的轿子，不准坐豪华的，那就坐简单的，或者干脆坐那种两根杆串一把躺椅的"滑竿"。

越往南宋，官员们越懒惰，也越喜欢摆谱，不骑驴也不乘车，一律改为坐轿，既然如此，再限制老百姓坐轿就有点过分了。朝廷于是制定出"用轿规定"，八抬大轿，级别不够是绝对坐不成的。

第四节　劈波斩浪，走向深蓝

1. 大难不死，必有后福

宋朝特别是南宋，相当一部分财税收入来源于海上贸易，而这份红利很大程度上来源于隋唐五代打下的良好基础。我国自唐朝后期就有了先进的造船业，巨大的船舶早已漂洋过海，开始在几个大洋称雄，目的当然不是美国人马汉所说的海权，而是为了去海外做生意获得"海利"。此外，西夏兴起并强大起来，截断了中原通往西域的丝绸之路，加上辽和金等势力不断在北方侵袭和围困，外出通道基本被堵死，宋朝能做生意的也只剩海上了。

为了迅速从海上突围，朝廷出台鼓励政策，给予税收优惠，让商人出钱造船，尽可能把国内的货物销到国外去。

航道不方便，官府掏钱建设"沿海灯塔导航系统"，三十里一座塔，能看见了吧！

与外国人打交道难，南宋的高宗皇帝便放下架子，请商人组建远洋舰队，集体前往印度洋与波斯和阿拉伯商人展开贸易战。

南宋海外贸易得益于高宗，但与其说是他自觉地促进贸易，不如说实践出真知。

建炎四年（1130），金军队攻陷南宋临安府，宋高宗一伙被赶到海上，依靠先进的福船（又叫福建船）捡了一条命。皇帝大难不死，又目睹了海洋蕴藏的巨大能量，便接受了大臣的建议，首先组建了一支强大的海军以备不时之需，其次通过走向深蓝之海发展贸易充实国库。

2. 强大的造船能力

除了组建做生意的舰队，高宗执政时还扩建了广州、泉州、明州等外贸港口，找了些人才充实市舶司，在港口城市设立"番坊"和"番市"，专门供外国商人生活和经商。

海上商路通畅了，以泉州为起点，通往东亚、东南亚、印度、中东的海上丝绸之路建立起来，朝廷获得源源不断的财富，老百姓也不再喊日子难过了。

海上贸易还需要大量的商船，以前经常租船，钱都让阿拉伯人赚走了。这不行！朝廷在江西、浙江、湖南、江苏、广东等地区先后建立造船基地，在完备而先进的手工业体系的支撑下，船只产能大幅度提升，全国每年下水新船达到三四千艘。神宗元丰元年（1078）就能造出排水量约 600 吨的"神舟"。排水量大只是其中一个优点，宋船还采用隔水仓、指南针、升降舵等先进技术，制造出了船头小、船底窄、船身扁宽、有利于抵御狂风巨浪的远洋船只，研发出了车船、飞虎战船等新式战舰，为日后的海战赢得了主动权。

古书上的楼船图

3. 见识一下水军的厉害

船，挽救了南宋王朝的经济，更一次次让这个国家摆脱了灭亡的命运。对于南宋来说，绍兴三十一年（1161）是至关重要的一年，金国突然脑袋发热，兵分四路从海陆南下，试图一举吞下南宋这块肥肉。

内陆，金人兵临长江边的采石（今属安徽马鞍山市），准备渡江。当时，宋建康府（今江苏南京）都统制（军政长官）王权因无能被罢官，所部一万八千人刚退至采石，而接替王权的将领李显忠尚未到任。军无主帅，士气涣散，人心惶惶。时任军事参谋的虞允文督促军队抵抗。宋军扬长避短，尽量发挥水军优势，施放霹雳炮和石灰制成的烟幕弹；利用"踏车海鳅船"的速度冲击敌方舰队，击败了金人的水军，进而取得采石大捷。

海上，两国水军在密州胶西海域遭遇。金朝方面是 600 余艘战船，7 万人；南宋只有 120 艘战船，区区 3000 人。这是一场实力悬殊的对战，然而，宋军就像一条灵活的虎鲨，利用快速机动的小船，发挥火药优势，很快将金朝战船烧成一片火海，取得了以少胜多的重大胜利。

南宋海军取得了一次光辉的胜利，但笑到最后的还是北方民族，因为统治者并未抓住大好的机会，像一些欧洲国家那样夺取更多的海权，进而增加战争的胜机。

第五节　宋朝水面千船竞发

1. 内河里的船只

宋朝的海船纷纷驶向深海大洋，内河船只百舸争流、千帆竞发。《江帆山市图》里有货船，有客船，有的正在航行，有的停在江边，码头上还不止一只。可能就在画的这条江上，还有

画
说
大
宋

游船和打鱼船。

各种船只的功能不一样，构造也有一定的区别。货船主要为方便装载更多的货物，舱室无需窗户，船形设计也只需方便货物装卸即可。客船则要考虑乘客的舒适性，通常会在甲板上下设置舱室；船舱安装窗户、悬挂窗帘，摆放桌椅床铺等必要的家具，与陆地上的房间没有两样。

由于是长途航行，无论客船和货船，都得为乘客或船员准备起居饮食，一些大型客船上面还有娱乐设施，甚至有交易场所，乘客们喝酒吃茶，做买卖，一直闹腾到深夜。这样的情形早在唐朝就有了，只不过那位张继先生坐的是小船，才在夜晚产生"江枫渔火对愁眠"的感慨。

2. 神奇的"可眠桅"

与前朝或国外的船只相比，宋朝的船都有哪些特殊构造呢？

以帆船为例，首先看"动力系统"——船帆。别小看张挂在船上的这一块布，它让船只摆脱了对人力的依赖，开启了人类的航海时代。

在宋朝以前早就出现了多桅帆，但宋朝工匠将其做到了极致，桅杆更高，超过十丈（30 余米），可以张帆 50 幅（主帆外还有 10 多幅小帆）。除了迎面而来的风，其他方向的风都可以变成驱动船只前行的动力。

那么问题来了，现在说的是内河，30 多米高的主桅杆（还不算船体）如何能够通过桥梁呢？

我们找来一幅有船的《雪霁江行图》，将其桅杆底座放大仔细观察，不难发现主桅杆安装在一根横木上，而横木是两根立木上的转轴，可以轻松地放倒下来。这项发明虽然没有专利，但有一个很中式的名字："可眠桅"。遇到桥梁，将高大的桅杆放下来"休眠"，以人力拉纤或摇橹通过桥底。这也太形象了！在无风的时候只能摇橹和拉纤，而在峡江滩陡浪

宋·郭忠恕《雪霁江行图》（局部）

急不敢张帆时，则必须人力拉纤。

再看看停泊和方向系统。宋船与现代船只一样"前锚后舵"，船上安装了巨大的绞盘用以收放锚绳，船锚有铁锚，但多用石锚。石锚也叫"碇石"，作用与铁锚一样，但不够灵活。《续资治通鉴》里就有宋朝水军因来不及收起碇石而被金军击杀的记载。

3. 还有什么黑科技？

一是舵的改进。

以前的舵太长了，不方便操作，那就将舵杆轴线向中间位置稍微靠一靠，改进成缩短力矩的平衡舵。在舵叶上安装一根

舵链，吃水深就把舵放一放，反之就收紧铁链，普通舵就成了升降舵。大船的船尾设有舵楼，"艄公"从此也有了独立的"办公室"。

二是增设平衡装置。

有时候风高浪急，船只会左右摇摆和横向移动，宋船会在两边船舷分别安装"披水板"，也叫"副舵"。有的是木板，一般安装采用捆扎的竹子，除了保持船体平衡，还可以标记吃水线。

三是"水密隔舱"。

前面有提到过这种船体结构，即将船内分隔为各自独立的几个或十几个舱室，虽然可能出现险情，但不至于每个舱室都进水，从而可以避免船只整体倾覆。

四是救生艇。

稍大的宋船都挂载救生小船，实在万不得已要弃船，可以将其用作逃生。

宋朝的工程师们想得真是周全，将船造到这个水平，难怪苏轼丝毫无畏水路艰险，来去海南岛的漫长旅程全部乘坐船只。

第六节　租条游船看风景

1. 坐船观光挺时尚

"花尘浪卷清昼，渐变晚阴天。吴社水，系游船。"这是吴文英的那阕《诉衷情》。这才傍晚时分，上好的晴天变得阴沉沉的，这吴地（江浙一带）郊外的土地庙前，还拴着一艘游春的客船啊！

先别管南宋词人的心情了，注意看，是游船！

春天来了，好耍的宋人游兴更浓，乘坐游船来到远离城市的河边旅游观光了。《江帆山市图》里的客船，在船楼设置了宽大的窗户，方便游客观看风景，但那还不是游船。宋朝的游船有更为狭长的船体，以设置更多的窗户供游客观光；船身造型美观，用各色油彩涂抹得十分绚丽，有的还在船头画上螭龙（无角的龙）；船舱雕栏画栋，挂画插花，摆放上好的桌椅。

在宋朝的湖泊里，乘坐一叶画舫，沐浴徐徐清风，就一杯好茶，品湖山美景，这样的日子，不亦快哉！

宋·马麟《荷香消夏图》（局部）

2. 大小不等的豪华版游船

南宋游船大小不等，载客量从二三十到上百名，船商竞相取些标新立异的船名以招揽顾客。游船的装饰也比北宋时更加漂亮华丽，除了橹船、帆船，还出现了高级的脚踏车船。这种船不用风帆，也无需桨篙，动力来自人的双脚。它适合谈恋爱的，当然在宋朝更适合招妓，游客坐拥美女，双脚蹬踏车轮，击水前行。

瓜皮游船因船底像半只西瓜得名，也被称为"瓜皮艇"，有的地方直接叫"瓜皮"。这种游船有船篷，篷下摆放圆桌、藤椅，每船乘坐三五名游客。它简单、方便，西湖里多的是，约几个好友，花不多的钱，就可以在湖里晃荡半天。

有钱人当然不这么玩，他们拥有自己的游船，而皇室贵族会定制豪华游"艇"。

皇帝的专用游船叫"御舟"，船体宽大，船上装饰珠宝翡翠和各种鲜花，挂着名贵的幕幔窗帘。宋理宗的"皇帝一号"船体为珍贵的香楠木，船身张贴金箔，走到哪里都引来众人竞相观看。土豪们会打造出六七十米长的大船，有时候会在上面举办上百人的派对。他们还为女性家属专门打造一种采莲船，小巧别致，船舱只能坐一至二人；船外撑起一块青布幕挡住猎艳的目光，贵族女子则可以在里面从容打望。万一哪位穷书生被看中，"鲤鱼跳龙门"的机会也是有的。

157

3. 节日乘船要预订

乘船旅游观光，最为宋朝文人推崇，很多人还留下了精美的游记。比如苏轼在被贬湖北黄州时，就多次泛舟长江游览赤壁，并且大多是挑灯夜游。估计月夜的长江越发静谧旷远，能激发更多的灵感，这才有了他的前后两篇《赤壁赋》。

　　绝大多数人则缺乏大文豪的雅兴，也容易留恋于世俗，最喜欢的还是去河流或湖泊的游船上凑热闹。汴河上早就有各种画舫游船，而游船的保有量最多的当然是南宋都城所在的西湖。春柳夏荷、秋桂冬梅，西湖四季景色各异，在唐代以后便成了著名的旅游休闲胜地。西湖旅游之盛要感谢两位地方官，一位是唐代的白居易，他修筑白公堤以后，西湖无须用于灌溉，专门用来发展旅游；一位是苏轼，他修筑苏堤，营造各种景观，提升了西湖的名气。南宋定都临安（今杭州）之后，西湖旅游迎来了飞跃式的发展。

　　与现在一样，除了沿岸游览，西湖最主要的旅游项目就是乘船观光。湖中保有大小游船几千艘，每天至少有一百多艘在湖面泛游。不过遇到寒食、清明等大假，必须提前预订，不然连瓜皮船也坐不上。如果赶上皇上的大龙船出游，却没能租上船，那就只能远远在岸边数一数人头了。

第七节　走走停停的旅程

1. 边走边玩边写

　　宋朝船只依靠的是人力和风力，速度始终快不起来。从开封沿大运河到杭州，就算顺风且纤夫充足，怎么也要个把月；如果一路游玩，不留神，两个多月就过去了。

　　乾道六年（1170）五月，陆游从浙江绍兴到重庆奉节，2000多公里水路走了五个多月。陆大诗人是去奉节当官，这一趟算官差，边走边玩，又是溯流而上，耗时肯定很长。不过他没有白玩，一趟旅程结束，写了洋洋洒洒近 4 万字，汇编成一本《入蜀记》。放在古代，这是了不起的长篇巨著。

与陆游几乎同时，范成大也出发了，不过他走的是北方，作为朝廷使节去了金国，四个月后才回到杭州。

由于使命在身，范特使应该没怎么玩，但还是写了游记《揽辔录》。乾道八年（1172），他花了三个月的时间，水陆兼程 1500 多公里，连春节都是在江西过的，写成游记《骖鸾录》。淳熙二年（1175），他到四川担任省级领导，两年后离任，从成都出发顺流而下到苏州，这趟返程也走了四个多月，看来没少玩，不然哪写得出考证详明的《吴船录》呢？

宋朝官员喜欢公费旅游，但都会留下不朽的诗文，国家的钱也算没白花。

北宋·佚名《江帆山市图》（局部）

2. 船小设施全

　　范成大是地方大员，陆游相当于"副市长"，级别都不低，乘坐的船只尽可能会宽大舒适，沿途驿站还提供免费周到的服务。《江帆山市图》上的船只都不大，江中的这艘船快抵达目的地了，船工们或瞭望，或引帆，或掌舵，丝毫没有怠慢。船顶的那位官员由一位侍童陪伴，大约受够了待在逼仄空间里的长途旅行，早将官服官帽穿戴整齐，正迫不及待地想要弃船登岸。

　　船头安装半人多高的绞车，上面有长长的缆绳，可以在大江大河随时锚泊。船只左侧附有一只小船，是为紧急情况下逃生用的救生船。桅杆上牵了一根绳子，上面晾晒了衣物。岸边的几艘船形制相同，也一样晾晒各种衣服。

　　这些江船在狭窄的峡江中经常面临激流险滩，因此不能造得太大，但构造齐全，短小精悍，正好用来跑长途。

3. 船上离不开一只鸡

　　长江到中下游后，江面拓宽到数公里，可以通行很大的船只，船上的设置更为齐全。不少渔民修造木筏，以水为家。陆游入蜀途中看到一个大木筏，上面住了三四十户人。

　　在宋朝，不管船大船小，都离不开一样东西——雄鸡。本幅画中那位侍童身后，就有一只雄鸡，养在鸡笼之中。如果单看此船可能注意不到，但江岸的两艘船顶也笼养着公鸡。它用于报晓取时，是跑长途客船的必备之物。

古人最早以太阳投射的阴影长短判断时间，进而发明了日晷；没太阳就用漏刻，但冬天水被冻住就不行了，得用沙；后来出现了水运浑天仪，宋朝的能工巧匠在此基础上改进出天象仪或天文钟。当然，全国就那么一两台，还是养鸡方便。

现代实验证明，公鸡受到光线和声音刺激会打鸣，但最终由自身生物钟控制，古人很早就发现公鸡的这一特性并用于报时。比如，第一次鸡鸣大概在丑时（1∶00~3∶00），第二次为寅时（3∶00~5∶00），第三次为卯时（5∶00~7∶00）。

有了雄鸡这个"活闹钟"，船工就不担心睡过头了。鸡鸣早看天，随着一声嘹亮的啼鸣，停泊的船只开始有了动静。

第八节　弄条船来跑运输

1. 万船待发，只欠东风

北宋时每年下水的船只将近 3000 艘，载重量上千吨的海上巨船不在少数。

巨大的海船安装几十上百幅风帆，除了硬帆还有布做的软帆，正帆上加小帆，可以充分利用不同方向的风力。为了抵御风浪，船的两舷缚有两捆大竹，如果风浪太大，可以将船上的游碇抛入水中稳定船身。客舟一般安装正舵和副舵，到了海上则在船尾增加一把棹（又叫"三副舵"），可以更好地控制航向。

宋朝出现了不少航海大师，可以通过观察太阳和星月的位置，准确地航行在茫茫大海上，后来有人将早就发明的指南针用于航行，再也不用担心阴雨天找不到方向。一些牛人掌握了天文和地理知识，绘出了简单的航海图。那位叫徐兢的特使代表宋朝出使高丽国（今朝鲜半岛），写了四十卷的《高丽图经》，就绘制出了本次旅程的航海图。

画说大宋

宋·郭忠恕《雪霁江行图》（局部）

2. 小小指针引大船

162

宣和六年（1124），一支船队从明州（今宁波）港缓缓驶出，领头的是两艘"神舟"，随后是六艘客船。最前面的"神舟"就像一座浮动的小山，豪华的船舱里端坐一位年轻的官员，他就是大名鼎鼎的徐兢。此人很早就随父亲进入仕途，文字功底强，能力出众，还有书法绘画特长，特别在绘画方面堪称大师。

他的桌上摆放了一只盛水的瓷碗，几段灯芯草载着一根磁化的钢针漂浮在水面上，针的一头指南，一头指北。北方是此行的目的地，高丽国。这个简单的装置叫"水浮指南针"，经过这次成功的航行检验之后，被迅速传播到东亚、南亚、西亚和欧洲，为世界航海史做出了重大贡献。

当然，绝大多数高丽人并不知道这玩意儿，他们只对庞大的船只感兴趣，便万人空巷来到码头，为的是一睹大宋国的威仪。

宋朝地理学家周去非对当时的海船有过描述：船舱像楼房，船帆像云朵，船上载客几百名，还养了猪，可以自行酿酒；而更大的远洋巨船叫"木兰舟"，可载千人，一般的小港口还进不去，船上有织布作坊、集市，可以在海上航行几年。这简直就是宋朝的豪华巨轮了。

3. 漂洋过海赚大钱

宋朝造出数量众多的大船，当然不止用于宣扬王朝的威仪，主要的用途是海外贸易。

北宋已经设立多个市舶司，开辟了前往印度洋的航线，往返一次仅仅需要 3 个月。到了南宋，海上贸易更加繁忙，获利更为丰厚。不幸沉没大海的"南海一号"，出土了金、银、铁、瓷器等生活用品，还包括不少阿拉伯和印度的生活用品，说明

宋·马麟《荷香消夏图》(局部)

这条船上有西亚和印度的商人，或者至少说明南宋外贸已经远

达西亚。

中国商人出口数量庞大的金、银、铅、锡等金属和瓷器、丝绸、布帛等手工业品，进口香料、药物、象牙、犀角、珊瑚等奢侈品。发达的外贸让商人赚得盆满钵满，也养肥了不少贪官。

张俊，与岳飞齐名的南宋"中兴四将"之一，投资造了一艘大船，让手下的一位退伍老兵担任"总经理"，带上一百多名美女，携绫罗绸缎和金银珠宝出海去了。张大帅手握兵权，自然不将市舶司放在眼里。这位老兵做的是人口贩卖和象牙、香料等"违禁物品"买卖，偷税自不消说，获利更是几十倍不止。

164

第八张画 《观画图》

宋·佚名《观画图》

背景介绍:

　　绘者: 宋　佚名

　　规格: 24.3 cm×24.3 cm　团扇

　　画面采取画中画的方式, 表现一位卖药的道士向围观的人展示一幅"药王"孙思邈的骑虎画像。该画现被美国纽约的邓仕勋收藏。

第一节　道可道，亦可医

1. 神奇画中画

　　宋朝留下了不少传世名画，有的看似简单，实则玄妙，比如这张《观画图》，就这么高、宽均不盈尺的一柄团扇，却包含了丰富而隐秘的元素。

　　画中的五个人围观一幅画，看似漫不经心，但形容打扮暴露了身份。

　　右前方的男子头戴方形高帽，帽子上画着一只眼睛，脖子都挂着画有眼睛的小牌。依据前文提到的经验分析，他是一位治病救人的郎中，并且还是一位不坐堂的游医。

　　中间的男子绾着发髻，长髯飘飘，应该是一位道士。他手中展开一半的画轴上是一位穿着红袍、头戴黑色幞头的唐代文官，从扬起的老虎尾巴可知，画上的人物应该是宋人熟悉的"药王"孙思邈。道士背后有一方案桌，上罩圆弧篷盖，桌上摆放花草以及各种器物，能看出其中有草药、动物头骨、塑像等。这分明是市场上常见的药摊。

　　既然治病，为何观画？那穿红衣的男子表情奇怪，莫非是请了托儿精心设计的骗局？

　　不，他们其实在观画治病。宋朝道、医一体，有不少神奇的医术，绝大部分都闻所未闻。

2. 神秘道医学

说起道教，人们很容易想起青城山、武当山、龙虎山等，想起手持拂尘的各位"神仙"。作为我国本土宗教，道教源远流长，道家的"文道"（并列的为"武道"）有五术：医、卜、星、卦、山。其中的道医学名列首位，是中华传统医学的一朵奇葩。

道医与世医（道家对中医的称谓）都源于自然，立足于易理、阴阳、五行、气血理论。但道医与世医不同的是，不但要理性把握人体的"精、气、神"，还要有基于实践的直接感性认识，通俗一点说就是，既要知道是什么和为什么，还要懂得怎么去做。

对于道学、道医乃至中医，非但国外，就是很多国人也存有不少误解。我们应该以科学、理性的态度对待祖先留下来的文化遗产，才能去伪存真，不断接近真理的曙光。

167

3. 神技宋道医

道医学大多口口相传，因此变得十分神秘。

大名鼎鼎的葛洪和孙思邈就是道医，他们分别留下了《金匮药方》《千金方》两本医学著作。由于帝王的推崇，宋朝出现了道教的鼎盛发展，官方也有意利用道观，发挥道医的作用，以弥补医疗资源的不足。因此，道医学在两宋时期取得了巨大的进步和丰硕的成就。

成书于康熙年间的《古今图书集成》收录的宋朝著名道医就有近20人。道士王怀隐被请入宫中，常为太宗治病。皇帝病好了，心头高兴，就命他还俗，留在宫中当太医；觉得工作量不够，那就约几个人一块儿编书去！于是，王怀隐担任主编，留下了一本体系完备的官修医学著作《太平圣惠方》。

还有一位，紫阳道长张伯端，专攻内丹养生学，留下了著作《悟真篇》，被誉为"丹经王"；医学脉象著作《八脉经》，受到李时珍的大加赞赏，极大丰富了我国传统经络学说。紫虚道长崔嘉彦，著述《崔氏脉诀》一书，以"四脉为纲"学说，充实了中医脉学理论。

宋朝的道医个顶个牛，没人敢小瞧。除了朝廷官府抬爱，道医们本身也很争气，在针灸、本草等传统医学领域都取得了突出贡献，特别在养生、内丹方面做出了大胆而极具价值的研究。

画
说
大
宋

第二节　观画可以治病

1. "药王"是郎中画出来的

道医会不会与道士一样，手执一柄拂尘，腰悬一把桃木剑？

不会，道医通常要低调得多。正如《观画图》里的那位，穿着医袍制服，没有过分强调"道"的元素，但带了不少秘密武器，最神奇的首先是画面中心的那张孙思邈画像。

中国民间有百神，火神管火，城隍管土，龙王治水，灶王菩萨主政厨房……

不管多少魑魅魍魉，兵来将挡，水来土掩。祛病消灾早有主管，但神农氏又当领导又负责农业和医药，忙不过来，孙思邈治病厉害，就选他了。

这位孙先生有多厉害，不少人认为关于虎撑传说的主人公就是他。能在老虎口中拔骨刺，自然担得起"药王"的尊称。

孙先生一生治病救人，鞠躬尽瘁之后羽化成了真人。五代时，蜀地灵池县（今成都市东郊龙泉驿区）有位道医，医术高超，也救了不少人的性命，在80岁时请人画了孙思邈的画像挂在中堂。他在画中为孙真人配了一头红色老虎，颜色和老虎都能辟邪，演化久了，老虎就成了真人的坐骑。

这是北宋画家黄休复在《茅亭客话》里提到的。既然是"客话"，也就姑妄听之，大约那位成都道医挂画只为给自己打广告，但药王形象就此定型，成为医馆、药铺的招牌，这一挂就是上千年。

2. 观画要把自己迷进去

孙先生不断被神化，法力无边可以降龙伏虎，民间就有了骑虎擒龙的形象，药王文雅地骑在老虎身上，用两只手将龙紧紧擒住，高高举起龙头。药王倒是高大了，不知龙王怎么想。何况孙先生身穿长衫，腰系玉带，看起来就是一位手无缚鸡之力的郎中。

咱们不管形象，看疗效！

药王骑虎擒龙都不重要，人们认这个，患者信这个就行。当然信，不但后人信，连药王画像的主角、那位80岁的老道医也迷进去不能自拔。按照北宋画家黄休复的说法，大爷饭不思茶不饮，先是天天对着画儿看，后来对着市里某个药铺养的真老虎看，最后自己变成老虎成了仙。

怎么样，人家拜药王拜成了神仙，咱不求封神成仙，能除去病痛灾害就得了。有条件的买一幅，请道士开个光挂在家里；没条件的，就只得找道医，看一次画治一次病，治一次病给一次钱。

唐·王维《辋川图》（摹本，局部）

3. 观画的神奇功效

观画治病可不是无中生有，据说王维的《辋川图》有治病的功效。

元祐丁卯年（1087）夏天，在汝南郡"教育部门"工作的秦观得了肠炎，久治不愈且越来越严重。朋友高符仲带来《辋川图》前来治病，秦观让下人展开卷轴，静卧床上细细观赏，反复数日，肠炎不治而愈。可惜王维的真迹不复存在，不然真可以让现代专家们认真研究一番。

其实，古人早就开发利用画像的功效，比如将尉迟恭和秦叔宝二位的画像贴在门上，挡住大鬼小鬼。

宋人将挂画当成人生之闲事，在什么地方挂什么画，自然有一番研究。比如前文讲的，宋朝已婚夫妇在卧室张贴婴儿图，为的是早生贵子；茶铺在茶室挂一幅山水图，只为让茶客舒心。

元代宫廷御医忽思慧对观画的功效有进一步研究，他建议妇女在怀孕期间多看"贤良、喜庆、美丽"之事，这样生下的孩子就会健康、漂亮。这已经类似于现在的胎教了。

现在的一些家庭，依然有病人在家门口张贴狮子或老虎画像，或挂一面镜子，是为达到驱走心魔、辟邪治病的目的。

佚名《观画图》

第八张画 《观画图》

171

现今，科学昌明，医学发达，人们对观画治病已经能做出合理的解释，但藏在人类体内特别是心底里的那些隐秘，岂能一句话说得清楚？

第三节　草药摊上的头骨

1. 头骨的用处

道士背后的那个小小草药摊，被药草堆得满满当当，摊子上摆放有头骨，并且还不止一个，让人不禁毛骨悚然。

不过没什么可怕的，它们应该不是人头骨，因为正面的那个头骨显露出了尖利的牙齿，应该是灵长类动物头骨。当然，即便是人头骨也别害怕，它只不过是祝由术中用于"禁法"的物品，以作辟邪祛病之用。

《西游记》里有一串恐怖的项链，串着九个骷髅，全是被沙和尚吃掉扔进水里又浮起来的；沙和尚受观音菩萨之命将项链戴在脖子上，唐僧师徒前来以后，将其用于制作渡河的法船。吴承恩可不是随意拿些人头作为素材，在佛教密宗里，金刚、明王、护法神等都以骷髅作为装饰，取其辟邪降妖的功效。

《观画图》（局部）
放大后，一只动物头骨赫然可见

看来，佛、道二教本来就有很多相通之处。

古人认为，如果人的中气不足，就会引起疟疾、癫痫、瘟疫等难以医治的疾病，便需要用到猴、虎的头骨。

实际上，头骨入药并无提升中气的实际效果，只能起到一种符咒的作用。因此，这种说法遭到了李时珍等医药学专家的批驳与抵制。

宋朝依然有将动物头骨入药的风俗，在《松荫谈道图》《女

仙图》和李嵩的几幅《货郎图》里面，都可以看见灵长类动物
的头骨。

　　动物头骨并不比其他部位的骨头的疗效更高，之所以广泛
采用，无非是祝由术的推动。道医取来动物头骨，通常是炼制
丹药，宋朝有名的"红英丹"就需用虎的头骨。

2. 儿科的特殊用药

　　我们再注意看草药摊：侧面画有一个小孩，骑着黑色动物，
肩扛小旗；动物可能是驴，也有可能是黑狗，因为黑色的狗可
以避邪。小孩和黑狗在一起，应该是小儿科的一种标识。这位
游医至少还擅长儿科。李嵩的《货郎图》里，就有"专医牛马
小儿"的幌子。这些都说明，宋朝已经与现在一样，将妇幼特

南宋·李嵩《骷髅幻戏图》

别是小儿列为医疗重点关注的对象。

宋朝在医药方面也有小儿专用。官方医药典籍《太平圣惠方》中列出了十三种药用头骨，主要用于儿童治疗的是猴、虎、驴、狗、羊五种动物的头骨。三种最主要的辟邪药材，即老虎、狗和猴的头骨主要针对小儿鬼疟。这些缺乏科学论证的奇方已经被现代医学摒弃。

第四节　刺青原本是丑角

1. 红衣文身男子有来头

画中最后面的男子，头戴黑帽，身穿大红衣，手举一柄破扇，蓄着朝天胡，表情夸张不说，还遍体有鱼鳞状的文身。此人是个什么身份？在画中扮演什么角色？

中央美术学院的黄小峰教授研究认为，他是表演杂剧的一位丑角，主演是游医和道士，另两位是配角，而《观画图》表现的正是观看孙思邈画像的戏剧情节。这种说法有其合理性，不由得让人想起李嵩的《货郎图》，有人认为货郎表情滑稽、动作夸张，带的货太多，多得不方便走乡串户，从而分析他正在表演《小货郎》之类的曲目。似乎有道理，但我们可不可以认为，货郎就是为了扩大销售，正在卖力地"吆喝"呢？

至于这位红衣人到底是干吗的，我们不妨浏览一下古代的文身史。

2. 从习俗到惩戒的文身

先秦时代，我国先民就有"断发文身"的习俗，但主要流行于吴越地区。其他地区也会"纹"，是将犯人脸上刺字，处以"黥刑"。汉文帝认为这个刑罚有辱人格，便废除了。到了隋唐五代时期，又开始在人的脸上刺字。为什么呢？这几个朝代实行府兵制，农民无偿服兵役不说，还得自备战马，于是逃兵很多，官府就在他们脸上打个记号，后来发现这法子管用，也在犯人脸上打个记号，叫作"刺配"。《水浒传》中梁山的那些好汉，好多人都挨了刺配。

宋朝在府兵制的基础上建立了募兵制度，看上某个人便"刺字为兵"，虽然有饷银也不必自带交通工具，但打仗艰苦，并且要死人，特别与西夏作战就死得很多，士兵纷纷逃跑，看来还是在脸上刺字管用。官至枢密使的宋朝武将狄青脸上就有刺字，人称"面涅将军"。

175

3. 文身成了时髦

范仲淹早就觉得"黥面"太不合情理，上台主持边务，便只让士兵在手背等不显眼处刺字。即便脸上没有刺字，宋兵与西夏交战，还是打了几场胜仗，真是让人扬眉吐气。

也不知是不是因为"刺字"的士兵争了口气，宋人不再以文身为耻，而文身（也有叫"镂身、扎青、点青、雕青"）也逐渐变成了一种个人装饰。文身者既有不懂事的少年、混社会的地痞，也有良家子弟和读书人。

参加政事李昌龄的孙子李质，家境优越，文身大幅且精美，徽宗皇帝赏后大悦，给了他一个"锦体谪仙"的名号。

4. 是演戏，也可能真是治病

话题扯这么远，目的在于让大家明白，文身在宋朝很流行。到了南宋，还出现了专门的协会——"锦体社"，把文身师傅叫作"针笔匠"，协会还会举办"赛锦体"的文身展示比赛。

既然如此，作为表演杂剧的演员，定然会有漂亮的文身。因此，黄小峰教授关于画面的说法也是成立的。或者，我们也可以这样理解：

画面左前方的那位患者久治不愈，游医已经黔驴技穷，便请来道士"观画治病"，还去勾栏瓦肆雇来红衣人和另外一位儒者作为帮衬，如果再不见起色，那患者就无可救药了。

退一步说，患者的病无关紧要，要紧的是这个扇面能缓解欣赏者的病情，如此，画作者也就心满意足。

第五节　王朝统治与迷信

1. 自导自演的灵异事件

历代封建王朝都会发生一些奇怪之事，比如秦末的"鱼肚藏书"、唐朝的"洛河神异"等，其实这些稀奇古怪的事都是当事者自导自演的。

前者是陈胜、吴广事先写了一个"大楚兴，陈胜王"的条藏在鱼腹里，以"神仙"之名发出暴动的指示，以便更好地发动老百姓。比较而言，"洛河神异"有些科技含量，至少还涉及日食月食的天文知识和河流暗涌等地质知识。

对这些糊弄人的把戏，大多数古人确实被蒙住了，但也有相当部分人心知肚明，但秉承一个古老的中国式哲学——装糊涂随大流。因此，不少成大事者并不是有多聪明，仅仅是抓住和利用了大众的这点心理而已。

在这方面，赵匡胤就是一个典型的"好老师"。陈桥驿兵变后，当赵普、

宋·佚名《宋真宗坐像》（局部）

石守信等人将已经准备好的黄袍披在他身上时，他还故作诧异地惊呼"使不得"。弟弟赵光（匡）义就更露骨了，976 年农历十月十九日晚上，皇帝哥哥叫弟弟赵光义去喝酒，赵光义就去了，还留宿宫中，可到了二十日清晨，小太监发现——赵匡胤死了！二十一日，赵光义即位。赵匡胤年仅 50 岁，正值春秋鼎盛，至于是不是弟弟下的黑手，只有太宗皇帝自己知道。

2. 迷信在真宗的掌控之中

宋真宗好的不学，学父辈这些忽悠人的小把戏倒是很快。咸平四年（1001），一位百姓在汴京城捡到了一块金牌，上有"赵为君万年"字样，于是全国人民高呼万岁。

牛刀小试之后，真宗和王钦若等人接着导演了玉帝下令封禅的把戏。封禅大典取得成功，这个赵恒还算有自知之明，除了继续修建道观寺庙搞得国库吃紧外，没有做出什么祸国殃民的举动，而对一些荒唐的事情也尽可能积极应对。

比如 1016 年，山东青州（比现在青州市大得多）闹蝗灾，当地庄稼几乎颗粒不收，有人却说蝗虫忽然集体飞到海边自杀，尸体覆盖了百里海岸。赵恒知道这不是自己皇恩浩荡，极有可能是有人在忽悠。他却看破不说破，马上诏令：朝廷将按照数量多少，对开仓放粮的豪绅授予助教、文学、上佐等官衔

天禧二年（1018），京城郊区出现包治百病的"神泉"，他只下了一道指示，在泉眼处修建一座"祥源观"。当年五月，洛阳城传出"有个像帽子的妖怪在飞"的谣言，老百姓吓得一到晚上就关门闭户，真宗立马意识到有人在背后捣鬼，命人杀了几个造谣惑众的首要分子，谣言很快消失。

3. 徽宗迷信，祸国害民

封建朝廷无非就是一场"忽悠"，皇帝忽悠群臣，当然百姓

不大敢忽悠当官的。忽悠得好，朝廷上下一团和气，国泰民安；忽悠出了差错，那可就麻烦了。

徽宗是个感性率直的人，不大谙熟忽悠之术，反让一伙弄臣逗得团团转，最终葬送了江山性命。

有一次，他说自己梦见太上老君了，老人家让他把道教发展起来。蔡京等一伙人心领神会，赶紧张罗下去。就在国家需要紧缺人才之时，恰好出了一位高人王老志。蔡京马上给他安排住处，甚至说这个老王是上天派下来协助皇上工作的，还说好些天神也跟着下来了。

徽宗也真是好忽悠，又是颁诏，又是写下《天真降临示见记》，堂而皇之地当上了"教主道君皇帝"。从此，举国上下修建道观、画符斋醮，大力发展道教事业。

后来，又冒出一位高人林灵素。这家伙粗通文墨，学了一些江湖幻术，便前往京城发展。林某人的那些小把戏并不高明，但

宋·赵佶《听琴图》

第八张画

《观画图》

179

居然让徽宗心服口服，加上巧舌如簧、一番糊弄，弄臣们推波助澜，这事儿就成了。不但皇帝成了仙，满朝文武包括后宫都位列仙班，徽宗正式皈依了道教，林先生也一时风光无限，权倾朝野。

不过这些道士还算守规矩，除了传教而外，倒也没有干出祸害国家和百姓之事。怪只怪，徽宗皇帝本人鬼迷心窍，在大是大非上没有主见，稀里糊涂地葬送了大好江山。

画
说
大
宋

第九张画 《瑞鹤图》

北宋·赵佶《瑞鹤图》

背景介绍：

    绘者：北宋　赵佶

    规格： 51.0 cm×138.2 cm　*绢本，设色*

    《瑞鹤图》有徽宗赵佶的瘦金体自题诗跋，押款"御制御画并书。天下一人"，与《祥龙石图》和《五色鹦鹉图》（又名《杏花鹦鹉图》）一致。专家学者认定《瑞鹤图》为徽宗"御笔画"而非"御题画"。《瑞鹤图》清俊潇洒，与徽宗的艺术气质颇为吻合，是其重要作品之一。

    公元1127年，金人攻陷都城，《瑞鹤图》从此散落民间。曾经元胡行简、明项元汴和吴彦良等人递藏，后归藏清内府，诸位帝王留下玺印。1945年，《瑞鹤图》连同数箱珍贵书画和珠宝玉器被苏联红军查扣，现藏于辽宁省博物馆。

第一节　元宵刚过就有"好彩头"

1. 这幅画是另类

　　北宋政和二年（1112）正月十六日，汴梁。日头缓缓落下，明亮的延福宫慢慢暗淡下来。忽然，门外传来小黄门尖利的嗓音："官家（皇上）——天降祥瑞了！"

　　天寒地冻的，哪来的祥瑞？

　　宋徽宗信步走出宫门，抬眼望去，远处云气缭绕，高楼尖塔点缀其间。他连忙让宫人带路，乘辇直奔北门。御街尽头，宣德门仙气氤氲，一群仙鹤在楼顶盘旋，有的上下翻飞，有的在屋脊歇脚，隐隐传来"嘎嘎"的鸣叫。群鹤高翔，祥云降瑞，这是老天给我老赵家的吉兆啊！他压抑不住心头的兴奋，连忙回宫作画，一番勾勒点染，祥云蒸腾、仙鹤翔集的《瑞鹤图》诞生了。

　　徽宗是位艺术天才，画技在皇家画院也有得一比，尤其几笔花鸟简直无人能及。但眼下这幅实在有些让人看不明白：画面采用三分法，两分留给天空的18只仙鹤，一分是白云缠绕的宣德门。

　　皇上怎么不再画文静听话的花鸟，改画天上乱飞的仙鹤了呢？小黄门一个劲叫好，可心里一直纳闷。他哪里知道，主子是想以画昭告天下——"仙禽告瑞忽来仪"——上天让仙鹤给我带来好彩头了。

2. 联金抗辽是个机会

徽宗盼着好彩头，源于积郁了几个月的心病。

去年九月，郑允中和童贯出使辽国，带回一个"联金抗辽"的计划。这个计划不是他们两个所想，而是由暗藏反心的辽国大臣马植提出来的，在朝中引起了激烈的争论。赞同方认为这是收回"燕云十六州"的大好机会，反对者认为会"赶走狐狸引来狼"。宦官童贯当然极力赞同，前不久，他和老郑因为不行辽国礼仪受到了对方君臣的大肆羞辱，最后被刀架着出了朝堂。这口恶气，怎么也得出了。

宋徽宗虽然醉心于艺术和游玩，但心头也有小九九如果不是宋哲宗英年早逝（只活了 24 岁），如果向太后不与章惇宰相据理力争，他赵佶是当不上皇帝的。一直以来，他这个位子都坐得很不安稳，先是向太后垂帘听政，接着守旧派与变法派斗过来斗过去，根本不把他放在眼里。左右逢迎的蔡京两边不得罪，赵佶好不容易从夹缝中成长起来，他经常说：要把这些老家伙镇住，必须实实在在干点业绩出来。这话不是没有道理，徽宗登基 12 年了，至今毫无建树，因此他一想起这事心头就犯嘀咕。

与金联合，打败辽国，一雪"澶渊之盟"的耻辱，还可以收回太祖就想收回的北方领土。眼下，正是一个大好机会！

3. 哪里有什么"好彩头"

为了抓住这个机会，必须说服那几位胆小怕事的臣子。他要把这幅图景画下来，给画师们看，给列位大臣看，给全国人民看。就在举国欢庆的正月十六，仙禽献瑞——上苍派了仙鹤来宣示大宋国运勃兴，各位还有什么借口畏首畏尾、裹足不前呢？

行动吧，"联金击辽"定能凯歌高奏，北疆定然从此高枕无忧！

从那以后，朝中倒是没了反对声音，宋金暗通款曲，花了8年时间达成"海上之盟"：宋金联合攻辽，一旦成功，宋收回燕云地区，给辽的岁币就会转送给金。就这样，辽国被联合力量击败，但事情并未按预期的那样发展，宋失去了辽国的屏障，唇亡齿寒，直到发生亡国灭种的靖康之变。

画儿里的一切，不过是赵佶的艺术想象。

汴梁地处淮河、黄河两大水系，河流众多，是著名的"北方水乡"，宋朝森林茂密，湿地丰富，飞禽走兽一点也不鲜见。所谓仙禽献瑞，不过是一些鸟儿在特殊的日子，碰巧飞到了特定的地方。赵佶只懂艺术不懂科学，将国运寄托于飞鸟，将国政交给奸臣，最终迎来的是"国南渡、魂北归"！

第二节　不按皇家路数走的"艺术生"

1. 皇帝的艺术生涯

"轻佻不可以君天下"，哲宗去世后，宰相章惇对皇位的接班人有这样的评价。不过，宋朝的走向并未因这位卓越执政官的说法出现丝毫改变，赵佶的"轻佻"做派也未有任何改观，当上皇帝后，表面上看他被皇袍约束了，实则更加随心所欲——他开始了自己的"艺术人生"。

徽宗是一位优秀的茶艺大师，精于茶艺，还有足可以"登上核心期刊"的著作问世；他创办宣和画院，培养了一批优秀的画家，组织编撰了画谱和绘画理论书籍；他精于花鸟

第九张画《瑞鹤图》

185

宋·佚名《宋徽宗坐像》

绘画，留下了不朽的作品和独到的艺术见解；他在书法上也好生了得，创造了有名的"瘦金体"，这可是有"自主知识产权"的；他还利用权力和财富，搜集、收藏了大批书法、字画和珍贵书籍。

可以说，徽宗在喜欢的任何一个艺术领域都做得相当出色，

还是书法、绘画等几个门类的大师级人物。但臣子和百姓要的不是经常描几笔丹青、不时逛逛青楼的公子哥儿，而是一个勤政爱民、治国平天下的好皇帝啊！

2. 至少办了几件好事

徽宗在任期内也并非毫无作为。公元 1101 年，向太后还政不久，新、旧两派大臣争斗激烈，吵来吵去什么事儿也办不成，他下定决心要对现状有所改变，就采纳史官邓洵武的建议，不在两派之间抹稀泥，而是大胆起用蔡京，继续推行神宗时代的熙宁变法举措。改革的效果立竿见影，并收到了实在的成效，不然国家绝对经不起他折腾 25 年。

国内相继出现了一些暴动，没关系，他先派人将那伙梁山汉子招了安，让他们转而帮助童贯镇压方腊起义，才一年多时间，就将南方的起义部队清除干净。

比较起来，宋徽宗对国家的贡献主要表现在文化和民生上。他派人搜集道教方面的书籍，整理校勘，编纂了《政和万寿道藏》，还出版了道教史著作和道教神仙人物传记。他下诏修建大批道教宫观，计划让它们变成基层的"医疗慈善机构"，既弘扬了道教，又发展了道医学，还可以改善民生，可谓一举多得。他对艺术的热爱，起到了极大的示范和倡导作用，宋朝在艺术的各个领域都走在世界前列，并取得了辉煌的成就。

186

3. 成也萧何，败也萧何

凭借完备的科举制和选拔任用制，宋朝得到了大批能吏，比如赵普、范仲淹、王安石、章惇、蔡卞等。不少人为治理好这个国家殚精竭虑，但也有一些人希望借助皇权搞点自己的事业，便各自结成一股势力与其他团伙明争暗斗，甚至与皇权此消彼长。在这样的情况下，皇帝能力差一点没关系，只要能够因势利导、顺势而为，也能稳坐钓鱼台。

然而，像徽宗这种执政能力不强又不专心工作的皇帝，局面就不好控制了。臣子们要么热衷于结党营私，要么面对现实心灰意冷，最终的结局是奸臣当道，政治混乱，王朝渐渐地走向没落。

比如，他即位后不久就启用新法，这是很好的改革行动，但他基本上放手不管，蔡京一伙人就打着"改革"的旗号，拉帮派，搞小团体。更有甚者，一些官员只顾"拍马屁"，在工作上毫无建树，还大肆破坏官场生态。比如，蔡京凭借一手书法，在童贯的帮助下官至宰相，却不好好治理国家，而一味撺掇皇帝乱花钱。王黼靠一张巧嘴火箭式提拔到宰相位置，却只顾着把皇帝哄得高高兴兴，暗地里揽权敛财，这厮实在可恨，终于被抗金的主战派给杀了。还有一个"浪子宰相"李邦彦，与皇帝一块儿踢球狎妓，简直毫无廉耻。

北宋灭亡，作为皇帝的赵佶要负主要责任，这伙奸臣贼子也罪无可恕。

第九张画 《瑞鹤图》

187

第三节 "大咖"云集的顶尖美院

1. 画画是从大地开始的艺术

了解中国绘画史,起码要从七千多年前开始。

原始人最早在地面上,继而在陶器和岩壁上画画。地面上的画消失了,而人面鱼纹盆上的图案、陶缸上的《鹳鱼石斧图》等留了下来。先秦时期,人们将画作在木板、布帛或墙壁上。秦汉时代,出现了优秀的宫殿寺观壁画、墓室壁画、布帛画、画像石和画像砖。魏晋南北朝时期,较为突出的是人物画和走兽画。

隋朝出现了"细密精致而臻丽"的画作,山水画作为一个门类独立出来。唐代绘画空前繁盛,出现了许多优秀的画家和崭新的艺术风格。五代时期短暂,绘画艺术却并未止步,在人物、山水、花鸟各方面完成了向宋朝绘画的完美过渡,特别是后蜀和南唐涌现出了大批优秀的画家。

2. 学院派与文人派

对于绘画艺术的培育,北宋统治者一刻也没耽误,建国不久就建起了"翰林图画院",把后蜀和南唐的班底招过来。由于朝廷的倡导和支持,宋朝绘画技法成熟,风格多样,书画名家辈出。画院更是汇聚了全国的画界大咖,在北宋,山水画有李成、范宽，花鸟画有黄筌、崔白，人物画有武宗元、张择端等；"南宋四家"的李唐、刘松年、马远、夏圭擅长山水画，萧照、苏汉臣等主攻人物画。

除了这些学院派，国内还有一个规模不小的画家群体，他们大多为官作宦，也是文人雅士，其画被称为"文人画"。北宋以苏轼、文同、黄庭坚、李公麟、米芾等人为代表，南宋则有米友仁、扬补之、赵孟坚等。他们的书画自成体系，弥补了画院缺乏的艺术风格。

3. 热闹的皇家画院

皇家画院最早兴办于五代的后蜀和南唐，被录用到画院的画家可以获得"翰林""待诏"等技术职称，穿官员制服，领取国家工资。画师们除完成国家规定的任务外，不但自己潜心研习绘画，还发扬"传帮带"的传统，在花鸟画和人物画方面取得了长足的进步。

北宋翰林图画院建立后，马上面向全国招生。报

北宋·武宗元《朝元仙杖图》（局部）

名的三千多人，只录取了一百多人，第一项工作已经等着了——把新建的玉清昭应宫墙壁全部画满。这一画就是五六年，画家武宗元专心创作，留下了惊世骇俗的《朝元仙杖图》。

皇家画院的鼎盛期出现在北宋徽宗到南宋高宗、孝宗时期。这段时间的画院和太医局一样，有专门的画学，将招生正式纳入科举考试的范畴。画院的考题分为佛道、人物、山水、鸟兽、花竹、屋木六个科目，通常会选取一句古诗，让考生自己创意绘画，在规定时间内交卷。录取到画院的画师，可以获得画学正、艺学、待诏、祇候、供奉、画学生等各种名目的职位，待遇也比翰林院的其他艺人更为优厚。

4. 最牛的画院"大咖"

宋朝画院的发展绕不开一个人，那就是宋徽宗赵佶。他相当于画院的名誉院长，不过可不只是领受一个名誉，而是脚踏实地支持画院工作。他本人的绘画和鉴赏水平相当高，经常到画院，但并不是发指示，而是与画师们切磋技艺，交流心得。

他主张画家要向大自然学习，在写生的基础上，追求技巧的变化。他的花鸟，无论《腊梅双禽图》，还是《芙蓉锦鸡图》，都宛然活物，同时又蕴含作者的个人旨趣。他带头开展绘画技巧实践，比如用生漆为鸟雀点睛使眼珠立体发亮，让画作格外生动。

据记载，以古诗作绘画考题就是赵佶的主意。这样选拔出来的画师，才能不拘泥于传统，大胆创新。有了皇帝关照，画院想办不好都难；有了皇帝的关注，画师们想偷懒也不行。因此，宋朝绘画水平远远超越了前朝，也成为后世难以企及的高峰。

这还不算完，徽宗还支持、号召整理和保存古代艺术作品。

在他的关注下，《宣和睿览集》《宣和画谱》相继编纂完成，至今依然发挥重要作用。

第四节　屋顶飞的是什么鸟？

北宋·赵佶《瑞鹤图》(局部)

第九张画

《瑞鹤图》

191

1. 鸟儿名叫"丹顶鹤"

20 世纪 80 年代，大多数的卡式磁带都有一首歌：《一个真实的故事》。它的歌词讲述了一位刚毕业的女大学生为救一只受伤的丹顶鹤，不幸陷入沼泽再也没有起来的故事。听众记住了歌手朱哲琴，记住了那位美丽的女孩，也记住了一群与人类心心相通的丹顶鹤。

查阅丹顶鹤条目："鹤类中的一种，大型涉禽……通体大多白色，头顶鲜红色，喉和颈黑色，耳至头枕白色，脚黑色……"简单比对一下，赵佶笔下的这些鸟儿正是丹顶鹤。

丹顶鹤毛色黑白分明，体态优美，叫声高亢嘹亮，舞姿优雅，常给人以和谐高雅、仪态万方的形象。它们又是候鸟，年年南来北往，翱翔于河湖沼泽，容易给人们留下高洁、灵动、脱俗等美好的想象。

2. 神仙的交通工具

早在殷商时代，古人就已经注意到了这种鸟儿，也不知什么时候，它们进入了道士的法眼。对道士们来讲，修炼得道、羽化登仙只是第一步，到达天国还有一段航程。仙鹤轻盈灵动，不正好可以作为他们乘坐的"理想航天器"么？

从此，以仙鹤与松树为伴，以祥云为友，成为延年益寿的指代。它的旁边定然还站了一位寿星老头儿，顶着巨大额头，挂着拐乐呵呵地笑。清泉石

北宋·赵佶《瑞鹤图》（局部）

上流，白鹤往来处，莫不是神仙栖居之所。不过，现在可别随便用"驾鹤登仙"，这词儿通常是送给逝者的，因为人们已经知道，普通人无论如何也成不了仙。

张道陵和他的弟子们则不这样想，他们认为，俗人不能登仙，只是修炼不够。在四川省大邑县的鹤鸣山，宫观巍峨，古木参天，时常可见成群的仙鹤盘旋于山间。传说，张道陵在此修炼学道，在成为张天师之前就以鹤作为自己的交通工具。

今天，人们去鹤鸣山旅游，真的可以看见有人在上空飞翔，但他们乘的不是鹤，而是滑翔伞。

3. 鹤代表仙气和祥瑞

与道教结缘之后，丹顶鹤也好，白鹭也罢，只要是这个大家族的，统统都改了名字，唤作"仙鹤"。

不管什么鹤，栖息地都森林覆盖率高，水草丰沛，远离人群和猛禽，具备良好的生态环境。因此，古人常将它们居住的地方视为风水宝地，即便绝大多数人找不到这样的地方，也喜欢在家里挂一幅鹤与祥云、朝阳、青山、翠柏组合的画作。

因为，鹤代表仙气和祥瑞。

徽宗和许多宋人都信仰道教，绘就一幅《瑞鹤图》，一方面是留下上天恩赐的"彩头"，一方面是表达对道教的崇拜和皈依。

王乔（周灵王的太子）乘鹤飞天；丁令威在灵虚山修炼成仙，还化为一只白鹤飞回来探亲；吕洞宾、蓝采和都驾鹤升天。即便成不了神仙，至少可以"与天地同休，与日月同寿"，拥三

第九张画 《瑞鹤图》

193

宫六院，点茶品酒，这岂不是比神仙更快活的事么？

可惜得很，赵佶具备与鹤有关的才情和幻想，却无法摆脱禀性的约束和俗世的羁绊，不但不能修炼成仙，连做一个洒脱的凡夫俗子的机会都没有。从某种意义上来说，地位越高，越难以获得自由的心性。因此，唯美的丹顶鹤，还是让其在天空中翱翔吧！

第五节　瘦金体里的玄机

1. 瘦金体的起源

除了画，《瑞鹤图》上还有赵佶的亲笔题诗和押款，那些字一个个纤细苗条，呈现妖娆之态，但用心欣赏，书法飘逸俊美，体现了书者相当深厚的功力。那种字体并不常见，是赵佶自己创造的，叫"瘦金体"。

194

瘦金体原本叫"瘦筋体"，写这字的是皇帝，当然不能筋骨尽露，而要以金为掩饰。这种字体其实也并非赵佶首创，而只是他在书法家薛曜基础之上的一次创造。

薛曜出生于唐朝前期，老爸做过中书令（首席宰相），舅祖父褚遂良不但当过中书令，还是著名的书法家。此人在仕途上没能赶上两位长辈，并不是自己没努力，而是方向偏了：他将一部分精力花在诗词文章上，另一部分则耗在向舅祖父学习书法。通过努力练习和钻研，他不但水平见长，还创造出了全新的字体——"瘦劲奇伟"的瘦筋体。

2. 皇帝学艺

如果说薛曜是衔着金钥匙出生的，那赵佶生下来就是含着钻石。因为老爸是皇上，他一岁后就成了宁国公，也就是堂屋可以装饰鸱吻的主儿，接下来先后被封为遂宁王、端王，直到当上皇帝。

赵佶一出生就有享不尽的荣华富贵，却也不是纨绔子弟。他打小就爱好笔墨、丹青、骑马、射箭之类，特别在书法绘画方面极有天赋。

在书法上，他先学本朝的黄庭坚。黄庭坚在书画和文学上非常厉害，特别是书法在国内那是数一数二的，但性子太直，官当得不顺，一再被贬。也许是想让黄先生多多指导，赵佶上台就为黄庭坚恢复名誉和官职，但后者死活不愿回朝廷而宁愿待在地方上。

徽宗也算仁至义尽，学了一阵黄庭坚之后，转而找到唐代大师褚遂良、薛曜，特别在后两位的基础上创造出了别具一格的"瘦金体"。

3. 瘦金体也叫"鹤体"

薛曜的"瘦筋体"，飘逸灵动，瘦劲绰约，是唐代丰腴美中的一个另类。宋徽宗笔法瘦硬，遵循道法自然的美学特征，又带有"瘦挺爽利，侧锋如兰竹"的鲜明个性特征，笔画如"屈铁断金"，有说一不二的帝王气概。

第九张 画 《瑞鹤图》

195

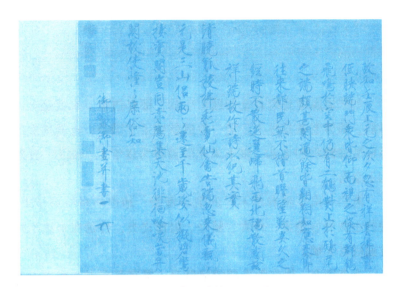

北宋·赵佶《瑞鹤图》题跋

瘦金体还与鹤有关，也有人将其叫作"鹤体"，或者"天骨鹤体"。"天骨"自然是天子赵佶赐予，至于鹤，是取字体的外形，飘逸隽秀如仙鹤的优美风姿。

196

鹤体并不只是因外表而得名，而源于赵佶师从的黄庭坚临过《瘗鹤铭》。此铭原刻于镇江焦山西麓崖壁，楷书的大字如仙鹤翔舞，大方仙逸，有一种"潇远淡雅"的别样韵致。

不管什么艺术，即使时过境迁，但内在的魅力和气质都是一脉传承的。

4. 为何没人学瘦金体？

说得这么热闹，在书法界，王、欧、柳各领风骚，为何皇家的瘦金体籍籍无名，至今甚至有销声匿迹的危险呢？

可以说"成也皇帝，败也皇帝"，宋徽宗将瘦金体发展成熟并推向巅峰，同时也注定了其高处不胜寒的命运——帝王的字，谁敢临摹！至于若干年后，这位帝王被掳到了北方，他的字体成为不祥的征兆，谁想学？谁敢学？

这是两个主要原因，也可能是一个重要的借口。实际上，瘦金体太难学了，别看它的字体一个个弱不禁风，但要写出水平太难，还不如找一个熟悉的字体学一学，可能成不了书法家，但入个书法协会混口饭吃没问题。如果学瘦金体，则可能画虎不成反类犬，满篇张牙舞爪，可就没人看了。

第六节　隐藏在画里的秘密

1. 诗词表露志向

《瑞鹤图》诗、书、画、印皆绝，四者珠联璧合，充分显示了赵佶非同凡响的综合艺术水准。先看看诗：

> 清晓觚棱拂彩霓，仙禽告瑞忽来仪。
>
> 飘飘元是三山侣，两两还呈千岁姿。
>
> 似拟碧鸾栖宝阁，岂同赤雁集天池。
>
> 徘徊嘹唳当丹阙，故使憧憧庶俗知。

诗前还有一段小序，介绍画作的缘起。无非想说明，我这是写生，不是臆想生造。

接下的这首七言律诗，水平和格调都不算高，只是充分显露了徽宗皇帝的心迹。一二句交代时间、环境，以及仙鹤到来的目的。第三句还有点写实，第四句就开始夸了，而这个"千

197

第九张 画

《瑞鹤图》

岁"莫不是皇上的自我表扬？接着是说仙鹤应该栖息在上好的殿堂，不能与一般的鸟儿厮混。最后两句为仙鹤在城楼上鸣叫找到原因，它们是要让天下老百姓都知道啊！

以诗言志，这位大宋皇帝自然不只是赞美鸟儿，而是借这些神仙鸟儿表达自己的思想。此时是 1112 年，宋徽宗已经执政 12 个年头，当下国力强盛，蓄势待发，是应该做一番事业的时候了。

2. 皇上的真实意图

按照中国画的传统技法，在以明黄色的宫阙奠定了皇家气象基础后，作者应该在深蓝色的天空尽可能多地留白，这样才有意境幽远之美。但《瑞鹤图》大胆创新，让 18 只仙鹤将天空布满。

为何？

自登基以来，新、旧两派吵吵嚷嚷，强力推行新法后，各种反对的声音依然不绝于耳。但 12 年过去了，河清海晏，国富民强，徽宗会不会得意地想：划出一片天来任由你们群魔乱舞，大宋江山我自岿然不动。

当然，这有点以草民之心度君王之腹了。我们注意到，画里鸱吻上的鹤张嘴鸣叫，跋文有"群鹤飞鸣"，诗里有"徘徊嘹唳"，这群仙鹤一而再地鸣叫，只是"故使憧憧庶俗知"么？不，这只是一个方面。他作为帝王，其实是在表达对能臣的期盼与渴望，同时希望朝臣和官吏都消弭矛盾，精诚团结在他的周围。这是政和二年（1112），也是"百废具兴"（《岳阳楼记》）之际，只要群臣团结，范仲淹、王安石之变革将继续稳步推行，大宋必将走向全面的盛世。

3. 天下一人

皇帝真是这样想的吗？别激动得太早，我们再看画的落款："御制御画并书"，这个好理解，还有一个花押："天下一人"。

花押是古人在公文、契约或供状上留下的表示认可的字迹或图样。签字画押，就是这么来的。花押出现于唐代，在宋朝流行起来，不少文人墨客精心设计作为艺术签名，有的还刻入图章，将花押变成了一种艺术创作。

作为诗、书、画兼擅的徽宗皇帝，自然要在个性签名上费尽心思。什么内容呢？身份是天之子，当然是君临天下的"天下一人"，

《瑞鹤图》中的赵佶签名

第九张画

《瑞鹤图》

199

略加思考，一个仙风道骨的花押就成了。这花押作为签名艺术无可厚非，但"天"的一横高高在上脱离群众，"下"的一点反了，"人"则被死死摁住出不了头。

如果说《瑞鹤图》是老天给大宋国的好彩头，这个花押则

一语成谶：15 年后，徽宗被金人摁住，离开他的子民去了遥远的北方，直到客死他乡。

第七节　玩掉性命的败家子

1. 皇帝是"超级玩家"

以现代人的视觉，赵佶无疑是一位高素质的"超级玩家"。

驸马爷王诜比赵佶大了 30 多岁，早就是个成熟的大玩家，书画水平又出类拔萃。在这位姐夫的带领下，赵佶进入了一个热闹的圈子：既有米芾、李公麟、黄庭坚等文人雅士，也有高俅等"街头混混"。

赵佶倒也没学得太坏，整天也就玩些"笔砚、丹青、图史、射御"，虽然也养成了一些花花公子脾性，但总的来说还不算太"轻佻"，不然也无法从一大堆兄弟中脱颖而出。

赵佶继承皇位之时，北宋承平日久，国力强盛，大批官僚也乐享太平，开始逐渐接纳皇帝从高高在上的王到体制内的"官家"的转变。在程朱理学尚未到来的这段时间，皇帝不再神圣，而只是作为群臣的引领，既然如此，大伙都不必拘束，好好地玩吧！

太祖爷可以逛茶馆，太宗爷可以和老百姓下围棋，我赵佶描字画、斗斗茶、踢踢球也未尝不可，至于逛青楼有伤风化，那就晚上偷偷地去。皇帝玩，大臣也可以玩，皇帝还带大臣玩，下棋踢球稀松平常，亲自点茶又有何妨。

2. 政治也是玩

我们欣喜地看到，宋一代的帝王已无需大臣以"载舟覆舟"的理论反复规劝，皇帝或皇室也不能一味乾纲独断，在一些关键问题上大臣也有充分的发言权。比如，在面对外敌侵略时，寇准和李纲能督促皇帝御驾亲征，一些近臣甚至参与了皇室继承问题的讨论。还有，宋朝的文官无论多么罪不可赦，几乎没有被皇帝下令斩首的案例，而只遭到贬官、流放的处罚。

201

北宋·赵佶《梅花绣眼图》

这些放在前后历朝历代都是不可想象的。按理来说，宋朝完全可以这样"开明"地玩下去，慢慢地过渡到现代民主政治也未可知。但那毕竟是千余年前的北宋，作为社会精英的皇帝和朝臣，没有也不可能出现"民主地玩"的启蒙，古老的中国也没有传下一套先进的"游戏"规则。中央集权稍稍放了放，强势的大臣们便闹翻了天。远的不说，就说欧阳修、王安石、苏轼这些熟悉而光鲜的人物，哪一位上得台来不培植党羽，铲除异己。说到底，朝堂政治不过是此消彼长的一场场游戏。

3. 皇帝其实有野心

臣子们玩得高兴，皇帝就难免受到冷落。于是，他们得玩一些把戏把权力夺回来。真宗玩"封禅"，徽宗自封"教主道君皇帝"，大臣们还是不好控制，那就不让他们管事，直接派最亲近的小黄门下去。

宦官梁师成最高官至太尉，负责起草圣旨、监督外朝。宦官杨戬、李彦则分别从皇宫后苑起家，相继担任大内总管，总管皇宫后勤，统领太监、宫女。二人先后主管检括公田机构"稻田务"和"西城所"，强征赋税、搜刮土地，直接引发了1119年的宋江起义。另外一个大宦官童贯则手握重兵，负责西北防务。其他部门也就罢了，偌大一个国家，不选拔文臣武将出来，居然将国家最强大的武装力量交给一些宦官，实在有些匪夷所思。

因此，要说宋徽宗昏庸无能没想法，那确实是大大的误会。

他想把散放出去的权力一点点收回来，但缺少太祖爷"杯酒释兵权"那样的手段和魄力。这拨亲信宦官虽然忠心耿耿，但在祸国殃民上也实实在在，为亡国埋下伏笔的"联金击辽"，正是由童贯全面操盘的。

与虎谋皮的计划最终失败，换来的是"靖康之耻"。封建社会最好玩的阶段，就这样倏忽而逝。

第九张画

《瑞鹤图》

第十张画 | 《西园雅集图》（拼图）

南宋·马远《西园雅集图》（拼图）

背景介绍：

  绘者：南宋 马远

  规格：29.3 cm×302.3 cm 绢本，水墨淡设色

  北宋末年，文人画当道，"西园雅集"故事再次成为热门的绘画素材。尤其李公麟、马远等人以驸马王诜十六名士"西园雅集"为蓝本创作的《西园雅集图》，更成为新的绘画典范。由于李公麟的作品已经失传，马远的摹本，现存于美国纳尔逊-阿特金斯美术馆的画作成为年代最久远的"雅集图"。

第一节　九百多年前的高端盛会

1. 远离红尘的风雅聚会

元祐二年（1087），驸马爷王诜组织了一次聚会，地点在自家的老宅子西园。受邀请前来的人有苏东坡、苏辙、黄庭坚、秦观、米芾、蔡肇、李之仪、郑靖老、张耒、王钦臣、刘泾、晁补之、王诜、李公麟、圆通、陈碧虚。客人与主人一起吟诗作画、吃茶赏乐，好不热闹。

聚会圆满结束，王诜请与会的好友李公麟将这次盛大的雅集画下来，取名为《西园雅集图》，并请米芾为画题写《西园雅集图记》："水石潺湲，风竹相吞，炉烟方袅，草木自馨。人间清旷之乐，不过于此。嗟呼！汹涌于名利之域而不知退者，岂易得此耶！"

"如果陷于名缰利锁，怎能轻易得到这样的快乐！"米芾这最后一句点了题，从画上看来也的确如此。参加雅集的 16 位人士，在 6 名丫鬟、侍从的陪伴下，有的吟诗作画，有的挥毫泼墨，有的弹奏阮咸，有的坐而论道，好一次远离红尘的风雅聚会！

无论古人还是今人，都应把握当下，珍惜俗世之外的那点风雅，人生才会高贵一些，丰满一些。

2. 雅集永流传

"雅集"是一种古风，指文人雅士吟诗作文、谈论艺术的集会。与现代人追娱乐明星和企业家不一样，古代人热衷于追捧文士，他们一则代表了社会文明最高水准，一则"学而优则仕"后通常具有相当的社会地位。因此，一次成功的雅集会被当代瞩目，永久流传于后世。

宋朝以前历代有过无数次文人雅集，能与这次西园雅集比肩的是"兰亭雅集"。那一次发生在东晋永和九年（353），地点是会稽山下的兰亭（今浙江省绍兴市西南十多公里处），参加的文人有谢安、谢万、孙绰、王凝之、王徽之、王献之等名士42人。正值三月三修禊（春日里去水边游乐、祈福消灾），春日融融，和风徐徐，一行人玩曲水流觞，写诗喝酒，在百姓的围观下不断将气氛推向高潮。

参加者在聚会上写了不少玄言诗，最著名的是王羲之的《兰亭序》帖，诗文与书法珠联璧合，成为中国文艺史上的瑰宝。王先生一句话道出雅集的真谛——"虽无丝竹管弦之盛，一觞一咏，亦足以畅叙幽情。"

3. 雅集要看参加者的名气

兰亭雅集汇聚了一拨东晋官僚，参加者大多赫赫有名。别的不说，只说谢氏家族的谢安，此人大器晚成，在淝水之战一举成名，官至宰相；而组织者王羲之官不大，写字的名气却不小。

那么宋朝这次，被邀请到西园的都是些什么人呢？大多是当时诗、书、画界的领军人物，相当一部分是凭本事硬考的进士，且当时都在朝廷做官（除了一位和尚和一位道士）。其中名气最大的要数苏轼，他在诗、文、书、画方面均为泰斗级的人物，当时重回京城，任翰林学士、兼侍读，进入朝廷权利中枢；其弟苏辙，诗文兼擅，时任户部侍郎；其余黄庭坚、李公麟、晁补之、张耒、秦观也都为官作宦；陈碧虚道长和圆通大师，在各自的道教界、佛教界也是响当当的人物。

人物本身著名，聚会上玩的又是艺术类的雅事，图文记录者都为当时的大师，"西园雅集"及图文自然世代传颂。南宋画家马远、刘松年跟着画，一直到明清都还有人临摹、仿作，由此可见这次雅集的魅力之大。

第二节　雅集背后的无奈

1. 画里的一点小秘密

马远创作时对李公麟原作进行了一些调整，比如，雅集已经开始暖场了，苏轼还在拄着拐杖赶路，并且愁眉不展、行色匆匆。马远虽然出生于南宋，但前三代也都在画院待过，对百年前的朝廷争斗定然有所耳闻。因此，他的这一举动肯定是有意为之。

西园雅集前一年，元祐元年（1086），苏轼从起居舍人到中书舍人，一跃成为翰林学士，负责起诏书、草诏令，还要主持学士院考试。

苏轼新官上任，拟了一个备选题目："师仁祖之忠厚，法神

南宋·马远《西园雅集图》（局部）

画
说
大
宋

208

考之励精。"哲宗皇帝一看就喜欢，选为当年此科目的考题。哪想到一件大好事却招来谗言，左正言（专门给朝臣提意见的官）朱光庭直接说苏轼为臣不忠，有意诽谤"仁祖""神考"（仁宗、神宗）两位先帝。明眼人一看就知道，这是政敌司马光一派的恶意诽谤。苏轼急忙申辩，好在得到了太皇太后的支持。即便如此，司马光门下的几位官僚依然不依不饶，非要给苏轼定个罪，搞得太皇太后也下不了台。苏轼见事态越来越不妙，总不能让老太太难堪啊，便主动提出辞职。知枢密院范纯仁、尚书右仆射兼中书侍郎吕公著出来调和，谁知事情一时半会不得消歇；直到第二年五月，最终还得太皇太后出面，将闹事双方各打五十大板，才平息了这场风波。

一个月后，王诜在家里举办了这次雅集，还高调地将其记

北宋·李公麟《西园雅集图》（局部）

录下来。这何尝不是为逃过一劫的苏轼压惊，又何尝不是向没能得逞的对手示威呢？顺便补充一下，王诜为了营救苏轼，仗着皇亲身份在老太太面前说了不少好话。

209

2. 苏轼这一辈子

1057 年，眉山苏家父子三人都考中了进士，长子苏轼最厉害，厉害到哪种程度？小试官梅尧臣拍案叫绝，被誉为"文坛一哥"的主考官欧阳修更是连连称道，认为苏轼"他日文章必独步天下"。

就这样，苏轼在京城一炮打响，从此仕途一帆风顺。他文才过人，生性放达，为人率真，结交了不少知心朋友，也得罪了很多敌手。比如当年，他给刚推出的新法提意见，得罪了"师兄"王安石及其"新党"，被下派湖州当了几年地方领导，政绩倒是不错，但一封写给神宗皇帝的《湖州谢上表》让新党抓住把柄，说他对皇帝不忠，迅速在朝廷刮起了一股"倒苏"之风。苏轼被捕，还牵扯了几十名官员。这就是著名的"乌台诗案"。

案子发生后，新党居然想要弄死苏轼，好在王安石（此时已经退休，可能也反省到师弟的意见有合理成分）及时制止。苏轼在被关押 103 天之后，得到了一个从轻处罚：贬为黄州团练副使。

元丰八年（1085），皇帝换成了哲宗，以司马光为代表的旧党出山，新党被打压，苏轼获得人生的第二次发展机遇。这人也真是，好了伤疤忘了疼，居然为被压制的新党打抱不平。这下好了，新、旧两党都得罪了，苏轼在朝廷又待不下去，只得再次请求外调。再后来新党得势，苏轼这次走得更远了，一直被贬到了天涯海角的海南岛。

3. 两面不讨好

在马远的画里，苏轼茕茕独行，但实际上他是本次雅集的中心。其一，他是当时的文坛领袖；其二，他是这次雅集的主要宴请对象，在他被无端中伤时，王诜以及在座多位都参与了营救和声援。

苏轼之所以在政坛上几起几落，颇受非难，最根本的原因在于站队问题。

宋神宗熙宁二年（1069），王安石变法开始。这场自上而下的封建改革初衷是好的，政策设计也没问题，但它陷入了陈腐的官僚泥潭，遭到了韩琦、司马光、欧阳修、苏轼等人的反对，王安石唯有启用官位低的新人。变法前后，旧党和新党的斗争纷繁复杂，构成了北宋长达 50 余年的政治生态。

这里只说苏轼在当中扮演了什么角色。

他是欧阳修的门生，曾拥护过推动庆历新政的范仲淹、司马光等人。但时代变了，他并未与时俱进，而是与欧阳修、司马光等划入旧党之列。作为继欧阳修之后的文坛领袖，他有一拨天然的追随者，比如苏门四学士"秦观、黄庭坚、张耒、晁补之"；而按照地域来看，他还有一批忠实的乡党，即推崇蜀学的蜀党，包括苏辙、吕陶、上官均等四川人，与刘挚为首的朔党、程颐为首的洛党针锋相对。

有这么一位青年才俊，千里迢迢来京城发展，身不由己地加入某个派别，逐渐成长为这一派的头目，渐渐受到兄弟们的裹挟，进退失据，最终弄到两面不讨好的境地。

苏轼正扮演了这样一个角色。

第三节　官场的人脉圈

1. 在宋朝考个官不容易

隋唐逐渐建立并完善科举制度，为平民百姓步入仕途提供了可能，但那只是一种可能！魏晋以来的门阀制度虽然逐渐瓦解，但遗风一直延续到千年前的唐宋。

为了对抗门阀制度，宋朝统治者做出了一些努力，对科举制进行改良，大大提升了考试和录取的公平性，不少权贵的子孙考不上进士，也只能担任中低阶官员。普通家庭的孩子十年寒窗苦读之后，通过解试（州试）、省试（由礼部举行），再参加由皇帝亲自主持的殿试。殿试通过了的进士成为皇帝亲自选定的"天子门生"，都有官做，不需要再经吏部选试。

好在宋朝有一个庞大而繁冗的文官集团，官员的待遇十分优厚，走到哪里都受到尊敬。然而，普通人进入公务员队伍都不容易，何况当官，即便考中进士，通过吏部考核，如果没有背景，要想在官场混出个名堂，那是非常不容易的。

2. 人脉圈是天然形成的

"结党营私"的危害极深，历来为朝廷所忌。苏轼是一代大儒，绝对懂得这个道理，但一入官场深似海，很多时候确实身不由己。北宋前期的官僚体系非常复杂，从最低等级的县尉、主簿到正国级的"三公"，共有九品三十阶。官员晋升并不是论资排辈，而是必须经过"七十二难"一般的诸多环节，"小虾米"要想脱颖而出，简直比登珠穆朗玛峰还难。

当然也不是没捷径可走。其一，像苏轼那样，以文章一举成名；其二，像高俅那种"踢得一脚好球"；其三，借助圈子的力量。前两条是靠真本事，后面一条则可以投机取巧，并且官越大这一条就越发重要。

学子们在考中进士前拼成绩，进士之后需要拼关系和运气。

殿试对进士能否引起皇帝的关注至关重要，但那么多卷子，皇帝哪能看得过来，因此文章的好坏最初得主考官推荐。苏轼的文章确实好，担任礼部贡举的主考官的欧阳修在心里判了个第一，但因为卷子密封了，担心是弟子曾巩的，就不徇私情地故意给了个第二名。事后，他觉得愧对苏轼，毕竟他和自己当初一样，在朝中毫无背景。

欧阳修 4 岁丧父，深知读书不易，自然会大力推荐这些苦读成才的"桃李"；说好听一点是爱惜人才，但在反对者眼里何尝不是拉帮结派，培养自己的人脉圈子呢？

3. 论人脉的重要性

有了老师的奖掖和推荐，苏轼仕途顺利，同时也在积累和发展自己的人脉。比如死贴欧阳修，与韩琦、吕公著、范仲淹、黄庭坚这些官场"大腕"搞好关系，利用自己的诗、书、画特长结交王诜等皇亲国戚，在文坛和老乡会上频频发声，组建自己的粉丝团队，等等。这些人脉，不但为苏轼的仕途铺平道路，还一次次让官场上的他化险为夷。

在一群哥们儿里，最铁的要数王诜。

王诜出身贵族，小伙子长得不错，神宗皇帝主动将妹妹蜀国公主嫁给他。驸马爷画得好，也喜欢收藏，大书法家苏轼自然是他喜欢结交的对象。苏轼在熙宁二年（1069）与王诜搭上线，每次见面都会带上一两件古玩字画。他还不遗余力地大力称赞王诜的画，说什么"山水寒林，冠绝一时"（算是公允之论）。王诜也够"哥们儿"，在"考题事件"中四处奔走，利用皇亲关系让苏轼幸免于难。"乌台诗案"发生后，王诜又冒险四处营救，结果挨了皇帝舅子的处分。苏轼从杭州召还，被禁止入城，王诜提了酒菜主动前去慰问。

还有一个哥们儿是米芾。米芾字画不错，靠着为英宗的高皇后做乳母的妈妈吃上了官家饭。他有没有为苏轼结识王诜穿针引线不得而知，但苏轼落难期间，他提供了许多帮助，其中精神上的支持尤为重要，比如不止一次到地方上看望被贬的这位朋友。

苏轼的经历告诉我们，良好的人脉是多么重要。

第四节　没背景只能靠真本事

1. 为三位奸臣"平反"

在官场混，个人能力是基础，人脉只能在关键时刻助你一臂之力。这个规律，宋朝自然不能例外。现代人有一个印象，宋朝的奸臣如高俅、童贯、秦桧等，都是靠溜须拍马上位的。其实不然，这里首先要排除秦桧，他可是政和五年（1115）的进士，书法水平相当高，甚至传说"宋体字"就是这位大师的创造。

高俅出道，则全靠苏轼。元祐八年（1093），高俅还只是定州（今河北省内）府的一个小跟班，知州苏轼觉得这小子办事机灵，便推荐给王诜（大概用来替代古玩字画）。有了这层缘分，高俅在发达后为了报恩还一再照顾苏家后人。高俅虽然没参加科举考试，却不止会踢球，一手书法好生了得，文学水平也不错，还有扎实的武术功底。他借助王诜的人脉，通过二十年的官场摸爬滚打（也有说主要是跟着童贯混，在战场上挣了军功），一边哄得徽宗皇帝高兴，官居正国级的太尉。

童贯是一名宦官，常在宫中混，练就了一身揣摩皇帝心事的本领。仅有这点能力只能催办花石纲，为皇帝当一两次特使，肯定是做不了大事的。他想了一个办法，将蔡京推上高位，再让后者推荐自己担任西北监军。他在任监军时走了一步险棋，将八百里加急送来的命令撤军的徽宗手谕藏了起来，自作主张下达了出兵命令。这次冒险取得了胜利，童贯顺利进入国家中枢。如果说这次冒险算是侥幸，那招安"宋江"、剿灭方腊可都是脚踏实地的实绩。

2. 底层官员的艰难晋升路

之所以列出这三位官场典型，是想说，一个人在任何时候真本事都必不可少。虽然有机遇、有人脉，甚至有皇帝作为靠山，但在宋朝，官员晋升必须得遵循基本的规则。

有哪些规则呢？大体说来，包括考课、磨勘、改官、荐举、叙迁、差遣及除授等。

考课，主要考察官员的任职年限、考核任期内的业绩。对基层官员一两年就会考核一次，无非看看官员的履历、业绩、有无过错、考勤怎么样。另外，上司的评语也很重要，因此顶头上司是得罪不得的。

磨勘，相当于复查，听这名就知道有多麻烦。它要对照检查档案文书，对业绩与推荐意见等进行审核。

改官，是对通过了磨勘的官员，有选择地晋升为京官或朝官。能获得改官的毕竟是少数，更多的只能混资历，最高混到七级退休。

举荐，指的是以上环节需要上级官员推荐。当然不能随便推荐，出了问题是要负连带责任的，但有举荐资格的必须是朝廷大员，并且还有名额限制，而官员需要找到三至五名推荐者，才能晋升京官。

3. 说到底还得看业绩

以上这几个环节通常针对低级官吏，朝中有人的关系户不受此约束。

朝廷对凭硬本事考中进士的一般有优待，而像苏轼这种厉害角色，基本上不受这些规则的限制就可以获得晋升。说来说去，对普通老百姓而言：万般皆下品，唯有读书高！

宋朝的"学霸"，如范仲淹、欧阳修、王安石、苏轼这些，通常都不是读死书的。毕竟决定最终命运的是一篇论文。那就要求在饱读诗书的基础上，还得有社会实践知识，有对时政、经济等社会诸多方面的敏感和判断。为官一任，还得踏踏实实地干出成绩。

比如范仲淹，父死母改嫁，全靠寒窗苦读考中进士而改变人生，在兴化县令任上，主持新修塘堰，整治水患；后来戍边西北，毫不松懈地整饬边防，并率领军队多次打败西夏的进攻。

苏轼在杭州任上，修建苏堤，疏浚西湖，改善文化和慈善事业，造福一方百姓。

还有很多官吏，都不是能文不能武的书呆子，而是凭真本事，依靠实实在在的政绩获得晋升。

第五节　文学与政治不分家

1. 唐宋古文运动

文学和政治从来密不可分，特别是人类在产生文艺自觉之后，文学出现了强烈的反映、干预政治的迹象。这一现象在唐宋古文运动中得到了集中展示。

"古文"指的是先秦、汉朝散文，质朴自由，不拘泥格式，写文章想怎么说就怎么说，完全可以直接晓畅地表达。与之相对的"骈文"不行，它要求"排偶、音律"，讲究用典，辞藻要华丽。写篇文章要掉几个书袋，查半天字典，多麻烦！

唐朝的韩愈和柳宗元打着"复古"旗号进行文学革新，目的在于以朴实、明白的文学直接反映和抨击安史之乱后国家的种种乱象。宋朝早期，社会安定，一些宫廷文人歌功颂德，文学出现晚唐五代以来的浮艳之风。但国家的形势其实不容乐观：北方烽烟四起，领土割裂，国内豪强兼并，社会矛盾突出。部分士大夫文人深切地感到，要以现实主义的诗文，揭露社会矛盾，讨论社会问题，为社稷苍生排忧解难尽绵薄之力。

无论唐宋，由于科举制的不断完善，文人和士大夫几乎合二为一。因此，文人的一举一动就是官场活动，而文学运动自然也就成了政治运动。

2. 雅集与文学运动

文学运动从来不是一个人的战斗。无论唐朝的韩、柳，宋朝的欧（阳修）、苏（东坡），身边都有一大帮子人。无数次的"雅集"、开会、讨论，才能慢慢地把运动搞起来。

庆历三年（1043）八月，仁宗皇帝下诏推行范仲淹的《答手诏条陈十事》，"庆历新政"开始了。这场改革涉及政治、经济、军事、教育、科举等各方面，但不到一年的时间便宣告失败。原因在于范仲淹天天干实事而"雅集"太少，除了富弼等几位铁心同僚，再无更多的支持者，而当时古文运动才开始兴起，各种诗文还未来得及对政治改革进行鼓与呼。

范先生留下了"先天下之忧而忧，后天下之乐而乐"的政治抱负，只能交由后人来完成了，好在他提拔了一位学生——欧阳修。但可惜得很，欧阳修那篇著名的《朋党论》迟到了一年。不过，它与1036年的《与高司谏书》一道，借助发达的雕版印刷技术迅速传遍京城，"文与道俱"的主张、平易流畅的风格，像温暖的春风，顽强地吹动文学和政治的百年坚冰。

欧阳修比范老师聪明，他并不主动出手，而利用主考官的有利条件网罗了大批学子。

嘉祐二年（1057），皇榜动，主考官欧阳修松了一口气。苏洵、苏轼、苏辙、曾巩、曾布、程颢、张载、吕惠卿、章惇等全都录取上了。大部分进士加入古文运动队伍，并成为支持政治改革的有生力量，一时双面出击，火力全开，一批老官僚文人的所谓"西昆体""太学体"，只能望风披靡。

3. 孤军奋战的王安石

"北宋六大家"，"苏门四学士"，现代人都知道这些人经常雅集，北宋人难道还能瞒得住？这场波澜壮阔的文学运动依然在持续，北宋文坛天朗气清，正值政治家闪亮登场之时，王安石脱颖而出。

王安石的文学造诣不亚于欧阳修、苏轼等人，在古文运动里也跳得高，但似乎在范仲淹的路子上走得更远一些，尚未准备好就迫不及待地鼓动宋神宗推出"熙宁变法"。改革措施之广泛，制度设计之严密，在漫长的封建社会可谓"前无古人，后无来者"。拟定和完善这些浩繁条款的是王安石，以及吕惠卿、曾布等新科进士，但他们仅仅是"新党"里的极少数。

南宋·李唐《雪窗读书图》（局部）

文学可以把一场政治改革托起来，当然也可以摁下去。王安石的失着在于，过高地估计了自己和支持改革的力量，而没有注意团结古文运动的大多数。比如，苏轼（继承欧阳修的衣钵）支持改革，但不赞成太过激进；程颐（与哥哥程颢是洛学的代表）也支持，但更关心自己的学问。这些人屁股后面都跟着一大帮子人，有不少人还位高权重。

第六节　开放的私家花园

1. 排场盛大的西园

驸马爷的西园到底怎么样？

"水石潺湲，风竹相吞，炉烟方袅，草木自馨。"米芾笔下自然有讨好的成分，但最大限度地保持了实录。园内有高大茂盛的松树，红色的凌霄花缠绕松枝，比树矮一些的是葱郁的芭蕉；一条清澈的小渠蜿蜒流过，小路跨过水渠上的石桥，钻进

宋·佚名《春游晚归图》（局部）

树林和茂竹深处；更远处，溪流湍急，溪水冲刷怪石发出哗哗的声响。

园子有多大？别的不说，驸马爷家靠河，有专用的码头，有直达官道的车马大路。

不说西园，只说位于西园东边的"宝绘堂"。这个堂馆装修豪华，珍藏古今书画文物。苏辙不看则已，一看大吃一惊，脱口一句："锦囊犀轴堆象床，竿叉连幅翻云光。"（《王诜都尉宝绘堂词》），不留神将骈文都整出来了。哥哥苏轼到底见过大场面，连忙提醒他："君子可以寓意于物，而不可以留意于物。"（《宝绘堂记》）

2. 运气好了挡不住

世间很多玩物都一样，可以欣赏但不可沉湎！苏轼说得挺对，但我们哪有机会"留意于物"？自己啥条件，人家啥身份啊！

王家是太原的世族大家。何为世族？就是世代的豪门贵族，隋炀帝都没办法，好歹想出个"科举"办法，惹不起躲得起。王诜是不用理会科举的，上推五辈，祖爷爷叫王全斌，此人名字一点也不贵族，却从后唐开始，一朝一朝地混到了后周，比赵匡胤的节度使资格还老很多。关键人家听话，赵匡胤叫他打哪里他就打哪里，蜀道那么艰难，二话没说，带上部队就去，一举灭了后蜀。

开国功臣的子孙，你让人家和那些"泥腿子"一起去考试？当然不用，无尺寸之功还能有一个四品虚职左卫将军。宋神宗即位，此人时来运转，娶了皇帝的妹妹，一跃成为驸马都尉。虽是将门之后，但王诜本人讨厌武力，他天资聪颖，记忆力相当好，喜欢诗书和琴棋书画。这一点倒是很"宋朝"，和外甥宋徽宗的情况差不多。

3. 雅集东家也是大师

王诜不只是一位有钱任性的驸马爷，更不只是当着公主老婆的面与丫鬟调情的浪荡男人，而是著名的书画家。本书第六张画《绣栊晓镜图》就是他画的，这只是他众多画作中较为普通的一幅，最体现他功力的是山水画作，现在还有《渔村小雪图》《烟江叠嶂图》等画作存世。

在自己的后花园吃吃茶，喝点酒，王诜不但花不了几个钱，而且还有一本万利的收获。因为他是皇亲，可以和神宗直接对话，与后来当上皇帝的徽宗赵佶的关系比亲兄弟还

北宋·王诜《渔村小雪图》（局部）

好。这样的高端聚会，一般人削尖脑袋也进不来，进来就不得了，比如高俅，就是通过他结识了当时为端王的赵佶，进而一步登天。

既然来，总不能每次都空着手，就像苏轼一样，书法字画、古玩文物，好歹拿上一件当伴手礼啊。好东西，王诜自然笑纳，但赝品就别拿来了，因为他不但是收藏家、鉴赏大师，还会玩摹拓、作伪的把戏。通过朝廷赏赐、雅集收礼、朋友互赠或互换、购买和"巧取"等手段，王诜将宝绘堂变成了珍品荟萃的民间博物馆。在王诜大师的引导下，苏轼、黄庭坚、米芾、秦观、李公麟等文人相互切磋，在北宋后期将文人画推向高峰，甚至超越了"皇家画院"。

王诜为了艺术，可以"十年不游权贵门"，而前面讲过他这人很够义气，三番五次营救苏轼，为此还把驸马都尉的官都给丢了。

第七节　党争的杀伤力

1. 汉唐的党争

朱子彦在专著《中国朋党史》里说，中国在春秋战国时就基本形成了"朋党"，有"帝党、后党、诸王党、戚党、阉（宦）党、奸党"等多种类别；为了利益，朋党之间残酷斗争，党同伐异之后，朋党内部又会出现新的争斗。

古代的朋党之争，比较突出的有四次：东汉党锢、唐代牛李党争、宋朝新旧党争、明代末期党争。

东汉桓帝和灵帝暗弱，宦官、外戚两派交替专权，针对败坏朝纲、危害百姓的"宦官党"，一些士大夫、贵族与"外戚党"联合起来进行斗争。宦官实力强大，以"党人"罪名禁锢这些人，打击和迫害士大夫集团。因为两党争斗，东汉迅速衰败，最终招致黄巾之乱，让魏、蜀、吴得以三分天下。

唐朝为了抵御周边国家和地区的进攻，设置了几大藩镇。藩镇开始还听话，后来混成了"军阀"，拥兵自重的赳赳武夫们慢慢失去谏言"载舟覆舟"的耐心。为了控制和利用中央政权，让利益最大化，他们开始了史无前例的明争暗斗。

唐宪宗元和三年（808），朝廷策试选官，县尉牛僧孺等底层官吏大胆指责时政，惹恼当朝宰相李吉甫，久不获升迁而投靠藩镇幕府。时过境迁，牛僧孺等人与李吉甫的儿子李德裕等人分别坐大，逐渐形成牛、李两大政治派别；双方相互恶斗，历经三代六位皇帝。持续约四十年的内斗，使得朝廷再无余力打击藩镇和推行改革，强盛的唐帝国因此迅速走向衰亡。

2. 宋朝的朋党

到了宋朝，皇帝采取强文弱武的统治方式，大臣拉帮结派就变得明目张胆。比如欧阳修当主考官发展门生弟子，惹得皇帝不高兴，赶紧写了那篇著名的《朋党论》，称君子有朋无党，小人有党无朋。实际上，借用朱子彦的说法，对小人与君子之辨根本就是荒谬的；既然卷进了某个小集团，没有谁能独善其身自称"君子"。

北宋初期，士大夫们聚在一起可能真的只享受吟诗作画的"雅集"，"朋党"即便相互攻击也停留在"古文"和"骈文"的优劣上。但是，到了熙宁变法这种关系到切身利益的社会大变革之时，官僚们为了自保，纷纷寻求庇护，而朋党也在壮大各自的

224

力量。二者一拍即合，依据对待变法的态度，朝廷迅速分成新、旧两党。

自古以来，改革派都阻力重重，成功者如赵武灵王、商鞅、拓跋宏等，都是睥睨天下的枭雄。王安石只是文官而不是枭雄，不但无法击败反对派（旧党），一旦失去宋神宗的庇护，得到的只能是预示变法失败的"元祐更化"，新党彻底失利。

旧党得势后，内部又分成了朔党、洛党和蜀党，开始了更为热闹、更为复杂的党争。

3. 专制王权下的暗影

以上三次党争，加上明末东林党与宦党、浙党之争，有一个共同特点，那就是都发生在一个强盛的专制王朝背景下，结果都造成了王朝的元气大伤。

宋神宗去世后，司马光重执宰相，极力打压以王安石为首的新党。同属旧党的苏轼回到朝廷中枢，眼见司马光这伙人手段太恶劣，便大力抨击和批判，一下子搞得里外不是人。司马光"嫡系"的洛党开始抓辫子，从苏轼文章里抠出不敬先皇的字眼，蜀党官员立即拍马应战。最终苏轼想得开，拱手认输，自愿去杭州当市长。

元祐八年（1093），宋哲宗亲政，起用王安石的追随者章惇继续变法。要推行被废除的新法，章惇无疑要拿旧党开刀，司马光一伙再次遭殃。这时候，苏轼再次被召回而脾性依然未改，最终又与章惇等人不合，再度外放为官。

王朝被党争伤了元气，皇帝无法驾驭朋党，不得不放下身段拉拢朝中的实权人物，才能稳固地掌握皇权。比如宋徽宗，贬了章惇试图化解党争，哪知道党争越演越烈，被迫启用尚未选边站队的蔡京。

自此，宋朝开启了奸臣勾结宦官、合谋玩弄权术的先河，从此江河日下。

可见，正如高山一样，专制王权越是强大，留下的阴影就越多越暗黑，所笼罩的魑魅魍魉也就越多。而这些小鬼往往在内部兴妖作怪，最终对王朝带来致命的伤害。

画
说
大
宋

第十一张画　《耕织图》

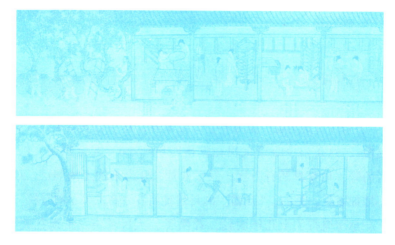

南宋·楼璹　蚕织图卷（宋摹本，局部）

背景介绍：

绘者：南宋　楼璹

规格：共 45 幅

南宋人楼璹在任於潜县令时，绘制《耕织图诗》45 幅（耕图 21 幅、织图 24 幅）。

自北宋刘松年、南宋楼璹绘就《耕织图》后，历代画家皆有此类作品。楼璹所绘共两个版本。正本进献皇宫，副本留存家中。正本及《耕图》摹本现已无考；彩色摹本《蚕织图》一直由皇室珍藏，在 1945 年后散落民间，1947 被大庆市民冯必信购得，1983 年其将此画捐献给黑龙江省博物馆。

第一节 "三垧地，一头牛，老婆孩子热炕头"

1. 统治者放水养鱼

北宋初年，农户如果劳动力充足，不遇到天灾人祸，可以过上"三垧地，一头牛，老婆孩子热炕头"的小日子。

"自今百姓有能广植桑枣、开荒田者，并令只纳旧租，永不通检。"这条诏令是宋太祖在乾德四年（966）向全国颁发的。说的是，只要农民有力气，只管开荒，开出来的土地归己，还不增加赋税。是的，"万恶"的封建统治者也有发善心的时候。

赵匡胤打了十几年的仗，看惯了"人民流离、土地荒芜"的惨象，当上皇帝之后马上实行惠民政策。倒不是这位官二代心肠有多好，而是作为后周大将军把旧主子的作为都记在了心头。

公元 954 年，周世宗推进改革，减免赋税，招民垦殖，很快恢复了农业生产，继而编制《均田图》，收到的租税反而比减免之前更多了。放水养鱼的简单道理，聪明的香孩儿（赵匡胤小名）自然一看就明白。

太宗继续推行哥哥的政策，于淳化元年（990）下诏，对新攻占的南方地区实行"均其租，每岁十分减其三"的均租减税政策；如果遇到自然灾害，官府还发放土地，免三年租税。

2. 土地不够就开荒

只要没有战乱，统治者不太苛刻，中国农民的自我修复能力是相当顽强的。诸如"文景""贞观""康乾"等时期的盛世，与其说是国家的治理之功，还不如说是统治者行了放养之德。北宋放养取得极大成功，耕地面积由开宝九年（976）的近300万顷迅速增加到天禧五年（1021）的524万顷。

老百姓有了土地，就一个劲地生孩子，猛增的人口不得不"田尽而地，地尽而山"（王祯《农书》）。平原土地没有了，只得去山上开垦梯田，现代摄影师镜头里"大地雕塑"般的梯田，很多都是宋朝农民遗留下来的杰作。他们将水稻种在山上，缺水就种植粟、麦、茶叶等旱作植物。

大山也不可能无休止地开垦，南方还有低洼之地可以"圩田"。农民在筑堤围田的基础上，开挖灌溉渠，设置水闸和车戽，将湖滩沼泽之地改造成良田。其他还有江河湖畔、海滨沙滩，可以开垦"沙田"和"涂田"。不过现在看来，这种做法对生态环境的破坏很大，好在那时候还没有机械化，耕种能力有限，破坏不大。

3. 大力提高耕作技术

开荒不能无止境，农民就在耕作技术上想办法。一些知识分子也投入到农业技术的探索中，在官府的推动下，很多地方官积极关注农事。无官无职的南宋人陈敷自发地编纂了《陈敷

第十一张画 《耕织图》

229

农书》，总结论述水稻栽培种植方法。

土地不能只用不养，中国农民早就知道这一点，他们通过轮作休耕、换新地、施农家肥等方式保持肥力和改良土壤。养地之外，耕作整地也有学问，秋冬深耕、秧田再耕、春耕松土，一样也不能马虎。

"浸种下秧，深耕浅种"，耘田（耕耘）和烤田（晒土）结合，既干死了杂草，还保证了秧苗生长。现存的《御制耕织图》（清·焦秉贞重绘），再现了宋朝耕作的场景，而秧马、秧船、耘爪、犁铧、耧锄、推镰等农具的广泛运用，提高了人们的劳动效率；除了人力和畜力，利用水力的翻车、筒车、高车、水磨也大量出现，还有一些风力农具。这些农具一直沿用，有的历经千年依然没有质的改进。

第二节　会干还要会"宣传"

1. 务实的农业县长

楼璹，生于浙江鄞县（宁波）的官宦世家。此人脑子灵活，诗文也不错，但考试不行，靠在朝廷做官的父亲进入官场，到绍兴三年（1133）才混了个於潜（浙江省杭州市临安区）县令。这一年，他四十有三，再不努力，这辈子就没多大指望了。

不过，楼璹是典型的低分高能，他的诗、书、绘画水平相当不错，还在老爸楼异那里直接学到了不少经世济民之道。走马上任之后，他并不待在舒适的县衙，而是下基层，到於潜县的 12 个乡的南门畈、横山畈、方元畈等农村，亲自视察。他走到田间地头，深入农户，与农夫、蚕妇深入探讨，虚心向他们讨教耕地种田、栽秧打谷和采桑养蚕、抽丝织帛等方面的技术、经验。他把自己的所见所得画下来，将来自一线的珍贵农业技术资料以诗、文的形式记录下来，二者相互配合印证，合成45幅《耕织图诗》。

2. 图文并茂的《耕织图诗》

《耕织图诗》分为"耕图"和"织图"两个部分，耕图自浸种至入仓共21幅，织图自浴蚕至剪帛共24幅，每幅图配一首

（清·焦秉贞重绘）《御制耕织图》（局部）

五言诗（宋·楼钥《攻媿集》）。这一套作品图文并茂，既是一卷较高水准的文学艺术作品，又是一部极具研究价值的农学著作。

随意找来《耕图二十一首·拔秧》：

新秧初出水，渺渺翠毯齐。

清晨且拔擢，父子争提携。

既沐青满握，再栉根无泥。

及时趁芒种，散著畦东西。

一大股泥土气息扑面而来，咋这么熟悉呢？简直与范成大宰相的《田园杂兴》如出一辙："五月江吴麦秀寒，移秧披絮尚衣单。稻根科斗行如块，田水今年一尺宽。"仔细读来，二者的诗歌已经超越了田园，是关心民生疾苦、关注农业技术的农事诗。

范宰相退隐石湖（今苏州境内），对农耕活动进行细致入微的观察，身体力行地感受农民生活，以 60 首诗为我们展现了江南乡村生活的长幅画卷。楼璹是最基层的父母官，在采访和创作时带有为民分忧、为民请命的情怀，无论写诗还是绘画，除了艺术性和记录性，还具备了比它晚十多年的《陈敷农书》一样的实用性和功用性。

3. 有实力还得有机遇

政和七年（1117），楼异被安排去随州任职，赴任前向皇帝提了一些建议：在明州（宁波）设置高丽使馆，重开与高丽的贸易，并赶紧造 100 艘海船备用，开垦湖田以收取田租。

《耕图二十一首·布秧》（局部）

233

　　明州是宋朝三大外贸港口城市，随州哪能比，关键还是楼氏老家，楼异这算盘打得精。徽宗也通情达理，难得他对家乡这么了解，那就改任明州，还重重有赏。

　　楼异的儿子楼璹恐怕是得了老爸的真传，将《耕织图诗》完成后并没有立马"刊刻发行"，而是先献给了高宗皇帝。皇帝看后大为赞赏，吴皇后也接连称赞楼县长办了一件大好事，马上挥笔题词予以表扬。接下来，皇帝专门召见楼璹，命令朝廷马上将《耕织图》"出版发行"，还要将这些图文画在州府县衙的墙壁上，让官民认真学习。楼县长也就如同坐了火箭，两年后升任邵州"副市长"，再两年当上了扬州"市长"。

几十张图文，高宗为什么如获至宝呢？除了作品本身的实用价值外，身为县长的楼璹一心扑在农业上，对百废待兴的南宋来说，具有无可估量的示范效应。

南宋刚建立，金军大举南下，一度将高宗君臣赶到海上，这才在临安府站稳脚跟，但国库空虚，军民吃穿没有着落。皇帝和皇后的第一要务就是劝课农桑，特别是基层官员，说啥都没用，都得像楼璹一样，甩开膀子抓农业去。

第三节　以英雄的牺牲为代价

1. 王小波带头闹事

234

淳化四年（993），北宋表面上全国形势一片大好，但永康军青城县（今四川省都江堰市南）跳出了一个王小波，喊出"吾疾贫富不均，今为汝辈均之"的口号，居然拉起了一支队伍闹事，还很快攻占了川西很多县城。王小波死后，妻弟李顺接着干，由农村包围城市，第二年便拿下了成都府，还建立了大蜀政权，制定了"应运"年号，接着让数十万军队朝东南北三方出击。

宋太宗着急了，又是派兵镇压，又是下诏招抚，忙得不可开交。成都府很快被官府拿下，但起义军余部沿长江而下继续战斗，一直坚持到了995年。

中国历史上的封建王朝，大凡开国之初都轻徭薄赋，休养生息。老百姓自然巴不得过几天舒心日子，一般是不会闹事的。北宋也是如此，太祖和太宗相继出台了田租赋税的减免措施，让老百姓安心搞农业，好生过日子。四川号称"天府之国"，向来农业发达，百姓安居乐业，可为什么在北宋初年会闹出这么大的动静呢？

2. 旁户忍无可忍

四川的"天府"之名得于秦国李冰修建都江堰之后，严格地说只是成都平原，"水旱从人"近千年，经济得到大力发展，地主世族也随之做大做强，疯狂地兼并土地，争相拥有大批旁户。全国其他旁户都获得了"解放"，四川这地儿因为"蜀道难"，世家豪族远离各种"革命"，通常一家就有数千旁户，在相对偏远的青城县更为集中。

旁户也就是佃户，像奴隶一样被紧紧捆绑在土地上，既要向地主交纳地租，还得承担官府的赋税徭役。他们的日子本就苦不堪言，王诜的那位祖先王全斌灭了后蜀之后，还强征民夫将孟家存在府库的金银绢帛悉数运往开封。朝廷设立"博买务"，断了老百姓的一大财路。起义的这一年，四川遭遇旱灾导致大饥荒，活不下去的旁户终于揭竿而起。

拉拉杂杂说这么多，并不是准备讲一段"大蜀演义"的散打评书，而是想说，这拨"忍无可忍，无需再忍"的旁户其实给统治者上了血腥的一课。宋朝后续繁荣昌盛，军功章至少有王小波的一半。

3. 直接和间接的均贫富

不知道王小波啥"文凭"，能够为底层人民提出"均贫富"的口号很了不起。虽然它的产生有现实逼迫的因素，但王小波的首创之功不可磨灭。

这次起义首先带来直接的均贫富——起义部队席卷之处，地主世族死的死、逃的逃，聚敛的财富被农民瓜分一空。旁户作为起义军主力，人身首先获得了解放，即便没有得到土地和财产，做一个自由的"客户"总是可以的。朝廷其实也偷着乐，正愁没机会打压苟安于四川的世族势力，倒让起义军抢先代劳了。

在间接方面，朝廷取消博买务，四川的织锦、制茶、造纸等手工业获得快速发展，急需大量的劳动力，解放出来的旁户正好填补了这个空缺；一些贫民通过打土豪、分浮财有了一些本钱，学着做买卖，经营效果比博买务好多了。

4. 专注农民问题

王小波起义震惊朝野，包括皇帝在内的有识之士注意到了"均贫富"这三个字的分量。然而，要在封建社会实现"均贫富"无疑是缘木求鱼，如果只缩小一些贫富差距，缓解一下官民矛盾，是不难做到的。

太宗忙于开疆拓土，发展生产的任务落在了儿子头上。咸平元年（998），宋真宗下诏，把以前拖欠的所有田赋统统免掉，将欠租入狱的农民放回家去。那以后，由于赈灾、战争等原因，减、免各地赋税成了常态。四川铁钱贬值，朝廷还专门调高该地货币的折算比率。

说到底，中国的问题就是农民问题。为了扶持农民，真宗于景德二年（1005）颁布农业法规《景德农田敕》，次年为各级地方长官加上"劝农使"或"劝农"头衔，还发了各种农业书籍让他们学习。后来，朝廷陆续推出了废除农具税、禁止丢弃粮食、恢复"常平仓"制度（平抑粮价）等诏令措施。

宋朝农业获得突飞猛进的发展，王小波们的愿望当然没有实现，但"国家 GDP"上去了，社会贫富差距缩小。农业发展突飞猛进，地方官形成了"劝农"之风，这才先后有了刘松年和楼璹的《耕织图》问世。

第四节　劝农官没有白忙活

1. 秦汉就有的劝农官

我国早在秦汉就有专门管理农业的官职，名为"治粟内史"，为九卿之一，汉代改称"大司农"，又叫"大农令"，主管全国经济，尤其注重农业；唐代，各地方官在官衔前加"劝农"二字，代行农业管理之职。

宋朝的农业管理机构比较完备，在中央分别由户部、工部、都水监、司农业寺各司其职；农业工作在州一级由知州、通判管，在县一级则交给知县、县丞，比州级别高的路设置的监司，也得兼职"劝农"。

"劝农"是景德三年（1006）由真宗下诏加给地方官官衔内的，这可不是虚衔，而是兼任的实职，一套人马两块牌子。国家给当官的薪水不低，兼个劝农官也累不死，那么劝农官们都干了些什么呢?

2. 劝农官都是怎么劝农的?

第一是兴修水利。

所有工程之中，只要牵涉水利就不是小事，必须官府出面组织。宋朝虽然没有都江堰这样著名的大工程，但小水利建设工程连年不断。自"庆历新政"后，每年春天都是北方的农田水利施工时间，全国性的水利和堤防建设工程则始于"王安石变法"。比较有名的是范仲淹在苏州任职时疏浚松江（今吴淞江），以及朝廷为防范辽兵侵袭在水田交错地带开挖河渠，宋徽宗时期对泾渠（郑国渠）的大力改进，等等。

第二是科学种田。

单说水稻种植就很不简单，从浸种开始，耕、耙耱、耖……拔秧、插秧、一耘、二耘、三耘……直到收割入仓，整整21道工序。那些苦读"四书五经"的"学霸们"哪里搞得清楚，幸好有了楼璹的《耕织图》，按照图样检查工作就行。当官的到底都是读书人，自然要结合实际加以发挥，大学究朱熹在地方官任上也总结了"浸种下秧，深耕浅种"的劝农文。南宋官府大力推广稻麦（或其他粮食作物）两熟、早晚两季稻甚至三季稻。

第三是增加品种。

宋太宗下诏，要求实现南北粮食品种的大交流。貌似有点"人定胜天"的调调，但屯田使（专管屯田）何承矩带着下属黄懋，硬是在河北大规模引种水稻成功。一时间，稻谷北上，粟、麦、黍、豆南下，全国农业生产欣欣向荣。宋真宗下诏，将已经引进至福建的占城（今越南）稻扩大到江、淮、两浙的干旱地区种植，棉花种植也从广东福建扩展到江浙一带。南宋时期，中原地区的百姓也能吃上自己种植的西瓜了。

第四是改进农具。

中国旱作农业发展很早，宋朝主要在魏晋时期农具的基础上改进，比如，为适应不同的土壤，出现了圆头犁、尖头犁和犁铧；没有耕牛，就发明一种脚踏犁。南宋则主要改进稻作农具，比如秧马、秧船、耘爪、耘荡（耥）等运秧、插秧和耙田、薅秧农具，不少在《耕织图》里都可以见到。宋人全面利用水力和风力，前者用于车水、碾磨、机碓、纺织等，后者则主要用于谷物扬场。

第五是农业研究。

如果前面几项主要依靠农民，"科研工作"则是劝农官们的功劳。各级官吏在下乡劝农时，撰写了大批《劝农文》，劝勉农桑和宣传普及农技知识。楼璹等人则主动调查研究，留下了大批理论著述。综合性农书有《陈敷农书》和《耕织图诗》，专业性农书就更多了，秦观的《蚕书》、蔡襄的《荔枝谱》、韩彦直的《橘录》，还有关于花卉栽培的《洛阳牡丹记》《扬州芍药谱》《全芳备祖》《菊谱》等。

第五节　不交田税就查田产

1. 官府带头卖田地

240

官府退出对土地的干预，人们只要有钱，可以自由买卖土地。因此，国家的大部分土地都落到了新兴地主和自耕农手里。王小波起义稍微均了一下贫富，但有权有势者想方设法兼并土地和财产。《水浒传》里就有不少庄主、恶霸，占有大量田产，富甲一方。

不但私人买卖，国家也在一个劲地处理官田。朝廷以赏赐的方式，官府则变着法子售田，大量官田变成了私田。国有田地主要有营田、屯田、官庄、职田、学田、牧场等，但存量越来越少。神宗熙宁七年（1074），官田总计不足 45 万顷，仅占全国耕地的十分之一。王安石变法后，官田更是大量出售，占比下降到了七十五分之一。

买卖与兼并几乎同时进行，土地出现所有权高度集中，而地块越来越分散的状况。比如在南宋，一百多亩土地往往分散为三四十块，由几十家佃户承租。

2. 土地买卖与兼并

宋朝统治者为什么要这样干呢？

其一，当然是防止出现拥有大量土地的地方豪强，因为他

（清·焦秉贞重绘）《御制耕织图》（局部）

们会与官府甚至朝廷对着干。其二，也是主要的考量，为了钱。正如宋高宗所说，朝廷开垦荒地如果不获利，白白地耗费成本是没有什么意思的。

宋朝虽然没有出现著名的经济学家，但绝对有大批懂经济的官吏。比如宰相丁谓，会搞建筑，抓经济也是一把好手。他在川峡地区（三峡一带）采取以盐换粮的措施，既解决了官兵的军饷，又避免让老百姓长途运输皇粮。

至于土地自由买卖，官府需要做的只有一件事：收税。鉴于土地所有权频繁转移，宋朝对土地买卖实行规范管理，剩下的交给税务部门，坐等老百姓缴纳土地税就行。

但土地成了生意，问题也出来了。土地所有权几经转手，抗风险能力低的小农户很快发现，手头的土地没有了，比如一场大病会丧失一块良田，不少地主稍有闪失也会失去土地，不留神甚至沦为贫民。土地最终都到了拥有财富的豪强手里，这些大地主还与官府勾结，采取多种手段隐瞒田产、逃避租税。

3. 王安石大胆开源

田租地赋是国家收入的大头。宋神宗上台，发现国库里没钱了，此时正好出现一位声称能够捞钱的王安石，那就大胆地改革吧。

青苗法，官府为青黄不接的农民贷款（粮），当然要收取不菲的利息；募役法，官府可以给农民免了差役，但要收免役钱；农田水利法，鼓励垦荒、修渠，钱得由当地住户出；市易法，在京城设市易务，缓解市场供需，当然也要赚钱；均输法，对货物统一收购和运输，节约了成本，运来运去也得赚钱。

所有的改革措施都是为了找钱，还有一条更直接和厉害，叫"方田均税法"。全国都行动起来，重新清丈土地，按土质好坏分级登记，没办土地证的赶紧办证，少地或无地的农民得到实惠，那些隐瞒土地、以好充次的地主则赶紧回家筹钱去。

4. "限田制"也有毛病

自农业超越狩猎和采集后，历代统治者无不在土地问题上伤透脑筋。商代土地国有，西周、春秋实施井田制，土地平均分配，但那都是生产力水平极低状况下的不得已而为之。北魏至唐代实行均田制，由国家按照劳动力状况给农民授予一定的土地，却也出现了问题：到最后国家无田可授，而怎么授更是一个难以操作的技术难题。

既然无法均田，到五代和宋朝，就实行"限田制"，试图以市场的手段调配土地。限制土地的私人占有量，国家把大部分土地卖给无地的农民，买不起的则可以佃耕。

问题又来了，既然实行土地自由买卖，买多买少又如何限得住？当官的个人限住了，以亲属、朋友、下人的名义去买，又如何限？当官的限了，有钱人又如何限？

理想丰满，现实骨感。宋朝统治者绞尽脑汁，依然没有想出最好的解决方案。

第六节　灾荒年月里的悲惨流民

1. 一幅图暂停变法

> 生涯不复旧桑田，
>
> 瓦釜荆篮止道边。
>
> 日暮榆园拾青荚，
>
> 可怜无数沈郎钱。

晁补之对流离失所的百姓满怀深切同情，写下了这首七言诗《流民》。无独有偶，熙宁七年（1074），底层官吏郑侠也看到了流民，马上绘就一幅《流民图》，谎称是边关的紧急军情，以八百里加急马递直接送达宋神宗。这可不是罪臣胡说，有图有真相啊：百姓典妻卖子、伐木拆屋，还被官府抓捕殴打……什么原因？那当然是王安石变法。

神宗本来已经对是否继续变法犹豫不定，这一看，一夜不眠，第二天便将青苗、免役、方田、保甲等18项法令全部叫停。划时代的改革却遭人暗算，王安石悲愤不已，被迫辞去宰相职务。

明·周臣《流民图》(局部)

　　郑侠，光州（河南省潢川县）司法参军，至多一个小小的科长。他早年受到王安石的提携和帮助，现在这个职位还是王安石任宰相后帮忙安排的。王安石的目的本来是让他在光州好好干，及时为变法提供第一手民情反馈。郑侠拿了鸡毛当令箭，满眼里尽看到新法的弊端，慢慢开始对变法产生抵触情绪，或当面或通过书信向王安石提意见。王安石乃一国"总理"，满眼是"千门万户曈曈日，总把新桃换旧符"的伟大抱负，岂能因为过程的一些瑕疵而放弃宏大的国家层面的改革！

　　郑侠还是一个劲地提意见，王安石心头不高兴却依然爱才，极力规劝、挽留郑侠，想给他换个部门继续为国家做贡献。哪知道姓郑的一根筋，每天不着家地走基层，专门挑新法的漏洞，并且依然不断地提意见，当然，大多数没有被采纳，于是就有了《流民图》和后面的事情。

2. 变法是这样暂停的

王安石变法设计全面而科学，代表了当时世界的先进革新理念，即便从现在来看也毫不过时。自宋熙宁二年（1069）变法开始，"五年计划"尚未期满，国家便已经国库充盈、实力大增，西北方面的边患也逐步得以解决。但改革来得太猛，激起了保守派的对立情绪；王安石上升得太快，一些政敌得了红眼病，因改革受损的既得利益者更是恨得牙痒痒。不但司马光这样的保守分子，就连苏轼、欧阳修这些开明的"官场大鳄"也加入了反对阵营。

神宗皇帝是支持变法的，但他一直顶着巨大的压力，成功了，万民敬仰；失败了，有可能葬送大宋江山，那将如何面对列祖列宗？后宫的太皇太后、太后整天叨叨，他不可能耳根清净。

这时候，《流民图》送上来了。老百姓一个个形容枯槁，牵儿携女，还肩扛枷锁，简直惨绝人寰。这是人干的事吗？后宫大恸悲声，这一哭使神宗再难坚持下去。关键时刻，郑侠赌咒发誓：停止变法吧，十天内绝对下雨，如果不下雨，为臣提头来见。这一把赌对了，新法暂停三天之后，干旱十个月的河南大地忽然大雨如注。

天怒人怨，王安石再也待不下去了。

3. 王安石的运气

不是说宋朝经济发达吗？而王安石变法只是为了富民强国，怎么会出现这样的流民惨相呢？

宋朝再牛，毕竟处于生产率极其低下的中世纪，位于金字塔底部的广大百姓生活并不富裕，而国家和社会救助机制只处于起步阶段。在靠天吃饭的农业社会，一旦有极端自然灾害发生，国家救济不及时，很容易出现农民饿殍满地、离乡背井的情况。

为了对付自然灾害，王安石有一条专门措施——青苗法——农民生活困难可以申请贷款，但必须在收获季将本息还清。不过当时情况特殊，连续十个月滴雨未下，中原大地千里尽赤，庄稼颗粒无收，百姓只得扶老携幼出门流浪觅食。这时候，官府要做的是开仓放粮、设棚施粥，尽可能地赈济灾民。然而，地方官吏不知是故意将事情搞砸还是脑子进水，总之一个劲地催逼灾民还款付息，交不出来的便拆房子，或者抓去坐牢，无路可走的灾民只能成为流民。

看来，要推行全国上下的改革，不但要反复论证，做好宣传动员，扫清各种拦路虎、绊脚石，还要有配套措施和应急方案。即便如此，在宋朝恐怕还需要"天时、地利、人和"以及可遇不可求的运气。

比如郑侠赌的那场雨，要是在十天之后再下呢？

第七节　开支不够就拼命印钱

1. 为管理财富而设的"金融机构"

《耕织图》受宠说明宋朝统治者对农业的重视，也反映了宋朝农业的空前发达。然而有一项熙宁十年（1077）的数据：农业税赋 2021 万贯，其他收入 5117 万贯，二者差距悬殊。农业对国家税收的贡献不到三成，有这么夸张？

宋太祖在建立宋朝后就想办法搞钱，首先想到的当然是田税；到宋神宗时，朝廷没钱了，便赶紧清查田亩。但是，宋朝占大头的一笔收入是榷务创收，即各种货物专卖获取暴利，当然还包括发达的商业（包括外贸）和手工业提供的税收，于是才有了额外的丰厚收入。

国家攫取巨额财富，养活庞大的官僚和军队，需要海量的货币流通。宋神宗时期，北宋一年铸币 500 多万贯，而唐朝最多年铸币 32 万贯，赶不上它的零头。与这多钱打交道，少不了各种各样的"金融机构"。

朝廷最早在 970 年就成立了便钱务，经营类似定额支票的现金兑换业务。接下来有了榷货务，在管理专卖之余承担便钱务的职能；市易司（务），主要为小商人贷款；质库，经营典当业；金银彩帛铺，类似民间银行；还有发放商贸凭证如茶引、盐引的交引铺；类似信托机构的检校库；等等。

2. 交子掠夺百姓财富

金属货币耗费贵重的原材料，并且不具便携性，比如一贯（1000 文）铁钱有 20 多斤。各"金融机构"在运行过程中发现，只需用一张纸（凭证）就可以开展"便钱"业务，完全不必驮着沉重的货币跑来跑去。

四川人胆子大，首先推出了这种"金融服务"——"交子铺户"收了钱，交给存款人一张纸券，凭券领钱。这张券就是交子。交子进入流通领域后，逐渐成为信用货币，后来官府介入，在宋仁宗天圣元年（1023）设立益州交子务，发行"官交子"。官府虽然支付了一定本钱，但对准备金、准备金率、金属货币保障等一概不知，见一张纸就可以换来

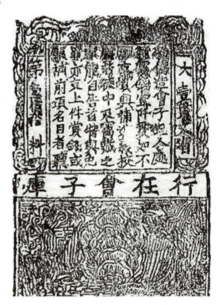

南宋·会子钞版（局部）

财富，便开始大量印钞。通货膨胀悄无声息地出现，朝廷意识到这个问题，于崇宁元年（1102）主动让货币贬值，先后推出折五钱"圣宋通宝"、折十钱"崇宁重宝"。就这样，货币不断贬值，老百姓的财富到北宋末年被掠夺干净。

3. 会子是南宋的致命杀手

前朝的几位长辈把钱都花光了，宋高宗巧妇难为无米之炊。朝廷加强对盐、酒、茶等物资的专营，拼命创收，花大力气劝课农桑，这无疑是正确的举措。在这个时期，唯有农业才能解决人们最根本的吃穿问题。

南宋努力开源，但并未节流。巨大的行政支出并未因领土压缩而减少，还要养护军队，支撑 4 次北伐。钱实在太紧张，朝廷便开始打纸币的主意了。

绍兴三十一年（1161 年），朝廷发行纸币会子，面值为 1 贯、2 贯、3 贯，政府以 1000 万两白银作为准备金。本来计划采取"推陈出新"的办法，即三年一次，发行新的，回收旧的，让纸币的流通总量保持固定。然而，随着财政不断吃紧，原定计划成了一纸空文。开始是旧的会子延期回收，慢慢地不再回收，新会子一发就是几个亿，如淳祐六年（1246 年）发行高达 6.5 亿贯，新、旧会子的兑换比率还不断攀升。南宋末年发行如此海量纸币，使国家通货膨胀率达到惊人的地步，会子已经成为"市井视之，粪土不如"（李曾伯《可斋续稿》）的无用之物。

南宋末年的金融状况早已土崩瓦解。欠账总得要还的，国家如果实在还不了，那就只能自取灭亡了。可见，南宋的崩溃源于对百姓的无耻掠夺，自己把自己掏空了，怪不得蒙古铁骑能摧枯拉朽，一举将其赶下大海。

第十二张画 | 《五马图》

北宋·李公麟《五马图》

背景介绍：

绘者：北宋　李公麟

规格：29.3 cm×225.0 cm　纸本　墨笔画　共5幅

作品以白描的手法再现五匹西域贡马。每匹马由一名奚官牵引，后有黄庭坚题写马的名字、年龄、进贡时间、养在哪个马厩等，跋称李伯时（公麟）作。

该画由南宋内府收藏，入元、明，经柯九思、张霆发诸家递藏，康熙年间藏河南商丘宋荦家，乾隆时入清宫，清末下落不明，现故宫博物院图书馆仅藏珂罗版。

2018年12月16日，该图重现于日本东京国立博物馆。

第一节　大把银子换来的贡马

1. 五马图的"模特"在哪里?

北宋有位著名画家李公麟,前面介绍过他的画。此人出身安徽省舒城名门世家,家里书画古玩多得很。他的书画考古水平都很高,读书也厉害,22 岁中了进士,但他对当官兴趣不大,直到辞职退休才混了个从八品。

李公麟在官场小心谨慎,生活中也很低调,将更多的精力投入到了对艺术的探索和创作中。据《宣和画谱》介绍,他的诗文、书法、绘画乃至文物考古等技艺日渐精进,几方面都达到了一流水准。在绘画上,他不断探索技巧,拓展题材,在人物、史实、释道、山水、走兽、花鸟等各个类别都有上乘佳作。

这幅《五马图》以白描手法,画了五段图,每段都一人一马。牵马人有两名汉人、三名异族人,神态样貌各具特色。五匹马都有黄庭坚题写的说明文字,分别是凤头骢、锦膊骢、好头赤、照夜白、满川花,但现代学术界依然对这些名字争论不休。

五匹马都安安静静地站着,但一匹匹蕴含生机,似乎马上就要嘶鸣奔腾。苏轼看了大为赞赏,随口一句:"龙眼胸中有千驷,不惟画肉兼画骨。"五马形神毕肖,必定有"模特",它们都养在哪里呢?

2. 北宋的马来自北方

自古良马难得，何况在马匹紧缺的宋朝，不过皇室是从来不缺少宝马良驹的。皇帝的马叫"御马"，为了养护这些宝贝，唐朝修建了"飞龙、祥麟、凤苑、鸤雏、吉良、六群"六个马厩，宋朝则设有骐骥院、天驷监。

马厩修好了，马从哪里来？先看看我国的几大优秀马种都产在哪些地方。

蒙古马，产于蒙古草原，主要分布在内蒙古自治区、东北、华北和西北；河曲马，产于甘肃、青海、四川三省交界地区；三河马，产于内蒙古自治区呼伦贝尔市北部，分布在大兴安岭以西，以三河地区最为集中；伊犁马，产于新疆伊犁哈萨克自治州。

两宋的国境内大多是农耕用地，要想得到好马，只能将目光瞄准北方那辽阔的草原。

3. 与青唐人搞好关系

北宋的北部边境，从东到西分别是辽（后来是金）、西夏和吐蕃。公元1030年至1090年之间，从吐蕃分离出来的部落建立政权，将首府设在青唐（今青海省西宁市），控制河西走廊及天山南北一带。

青唐政权像一根楔子，牢牢地楔在吐蕃和西夏之间，它对宋朝的重要性不言而喻。北宋想方设法与他们的首领唃厮啰、董毡、阿里骨、瞎征等搞好关系，朝廷勒紧裤腰带给钱，"岁赐"不够就"月赐"，还想着名目提供物资援助，如茶叶、布帛、药品，甚至包括火药、铁器等军事物资。宋仁宗在宝元元年（1038）就一次性赏赐唃厮啰绢1000匹、茶2500斤。普通的绢、茶之类，每月都给，有时还会赏赐紫衣、金带等贵重物品。

北宋统治者当然不是钱多人傻，而是让他们帮忙顶住西夏的进攻，同时可以得到优良的战马。青唐人也需要抱紧宋朝的大腿，每次送来的贡马都是好几百匹，而且都是万里挑一的、可以给李先生当"模特"的好马。至于一般性的战马，那就通过茶马互市买吧。草原人嗜茶如命，中原人需要战马，不就齐活了么！

好的年景，北宋每年可以从青唐地区购买约15000匹马。

第二节　西北一直不安宁

1. 北方边境上的烂摊子

唐朝经过不断地开疆拓土，最终领土北至贝加尔湖，西到咸海。唐末军阀各自为政，长江黄河流域出现了"五代十国"的局面，北面根本没人管，各民族势力乘势坐大。

赵匡胤在黄袍加身之后有过半推半就的举动，或许真的是心有苦衷。他接手的后周虽然是诸国中的老大，但放眼全局，实在是一个烂摊子。零碎的不算，北方还有北、汉政权，南方有后蜀、吴越、南平、南唐、南汉，得一个个收拾，这些事直到太宗时还没整明白。

就在北宋集中精力处理"大中原地区"事务时，北方民族也没闲着。耶律阿保机比赵匡胤更早创立事业，在916年就名正言顺地建立了"契丹"，后来改为"辽"，并一度将首都从内蒙古自治区的赤峰市迁到开封。他们占据整个大北方不说，还不时南下骚扰，好在西夏在西北方挡了一下。

辽过了几年安稳日子，到1115年，崛起于东北的女真族起兵反辽，建立金，先灭了辽，转而攻击北宋。对北宋来说，西夏也不是省油的灯。西夏的祖先党项族一直臣服中原，后来一个"李氏"家族不安心在宋朝的屋檐下，便去甘肃、宁夏一带自立门户，那个叫李元昊的人在1038年建立大夏，宋人称之为西夏。

上面各个政权最终都被蒙古收拾干净，但在其存在之时，可把北宋整得够呛。

2. 战略合作伙伴

在这几个国家或政权中，辽的资格最老，根本不把宋放在眼里，要想买马那可得看辽大王心情好不好。西夏在建国前就与宋太宗干了一仗，把五路宋军都打败了，宋真宗赢了却不想继续打仗，便割地求和。李元昊的爷爷李继迁得势不饶人，一举拿下凉州（今属甘肃省武威市），截断西域地区与宋朝的马匹生意。李元昊建立大夏国，与北宋彻底撕破脸，北宋便很难再从西北偏北方得到马匹。

我们前文说过的那个楔子，是吐蕃王的后人唃厮啰楔进来的。唐末，吐蕃王朝灭亡后四分五裂，前往河湟地区的唃厮啰被各部落首领拥戴建立政权，在青唐站稳脚跟后臣服北宋。唃厮啰很有本事，用计击败入侵湟水流域的西夏大军，并尽量在宋、辽、西夏之间寻求平衡，势力不断壮大。

看起来，宋人和善得多，为了对付共同的敌人西夏和辽，青唐便与北宋结为友好的"战略合作伙伴关系"。

3. 没有永远的朋友

如果将这种关系一直维持下去，双方都有很大的好处，但国际和地区形势通常瞬息万变。宋治平二年（1065），唃厮啰病逝，三儿子瞎征继了位，但其余子女吵着要分家，各自建立了自己的地盘。

前几位皇帝采取软弱退让的外交政策，一直为朝廷内外诟病，宋神宗决定做出改变。他把目光盯上了咄咄逼人的西夏，而要拿下西夏，必须先搞定青唐地区，但苦无上好的解决办法。此时出了个王韶，考中进士后当过参军，后在西北边境搞了一段时间的"社会调查"，于熙宁元年（1068）献上了三篇《平戎策》，中心思想是：与其让西夏抢先染指河湟地区，不如先下手为强，再招抚、扶持瞎征召集这一地区的部众，以配合大宋对西夏的进攻。

当时王安石变法大行其道，经过一番讨论，朝廷决定让王韶去试一试。王韶不只会写文章，他确实有些真本事。刚到西北边境，他只带几位亲随，依靠三寸不烂之舌便招抚了包括吐蕃人、羌人、夏人在内的多股势力。他的官位也因此节节提升，直到奉皇帝之命筑城、准备开战。由于朝廷于熙宁五年（1072）在熙州（今甘肃临洮）设置熙河路，这次战事便称为"熙河开边"。

王韶对羌人和瞎征部发起攻击，占领了河湟地区大片领土。第二年，他带领宋军长驱直入，不到两个月，拿下了五个州。随后，北宋朝廷在这些地方设立州县，开展边境贸易。从此，丝绸之路畅通，北宋的马匹不再稀缺。

第三节　苏东坡的良苦用心

1. 西北传来捷报

256

然而，这一地区的和平只持续了短短的十多年。元祐二年（1087），一个叫果庄的吐蕃人不服气，对宋的城池发动进攻，在西夏军队的支援下大败宋军。北宋朝廷着急了，连忙派兵前去弹压。该地区的各部落迅速做出反应，相继依附或归顺青唐，准备配合果庄与宋军决战。

幸好宋军有间谍传回情报，朝廷急忙派军器监丞游师雄前往。游师雄与王韶一样也是进士出身的参军，有过为官戍边经历，后调回军队的后勤部工作。游师雄处理此事游刃有余，协助宋军一边招抚、诱降，一边派兵猛攻，活捉果庄等 10 名吐蕃大首领，还成功截断了西夏军队的增援。

捷报以最快马递来到汴梁，当年八月，整个京城都知道了这个消息。接下来，朝廷定然会举办盛大的庆典，大宴群臣，犒赏游大帅以及西军官兵；而臣子们头脑发热，指不定会建议朝廷杀死果庄等人以祭奠英雄。

2. 苏轼的忧虑

如果真的这样，那就麻烦了！前者可能激发成边将士，一个个变得如狼似虎、失去理智；后者则会让河湟地区的吐蕃和羌人放弃观望而与宋人决死一战。而这两者都会让战争换来的和平白白葬送。

此时最忧心忡忡的莫过于苏轼，他被召回朝廷并得到连续提拔，担任翰林学士、知制诰等中枢要职。皇帝年少，太皇太后、太后久居深宫，作为本来的待罪之臣，怎能明哲保身，而不报恩皇室、报效国家呢？

然而，朝廷党争依然如火如荼，作为曾经的受害者，苏轼对其危害性心知肚明。即便是边关大计，也有人为达目的胆敢撒谎，有人勘误之后却动辄被罢官免爵。比如，王韶在西北发来报告，称渭源（今甘肃定西）到秦州（今甘肃天水）

北宋·李公麟《五马图》（局部）
有研究者认为此人就是果庄。

一带足有上万顷无主良田；经略使（当地边防长官）李师中则说这些田地大多属于戍边弓箭手，王安石居然先将李师中罢免，让窦舜卿接替工作。窦舜卿和李若愚在调查时发现王韶撒谎，据实奏报，王安石便将窦舜卿换成了韩缜。姓韩的终于聪明了，坚持说王韶没有撒谎。

此事居然就这么了结了。

3. 送画是个好办法

罢官不足惜，大不了继续下基层当官，但国家大事不可不慎。苏轼采取了"曲谏"的方式：命李公麟画马、黄庭坚题记，尽量赶在把果庄押送京城之前交给皇上。画上这位络腮胡的马夫是谁？如果杀掉果庄，牺牲西北的和平，这些优良的贡马将从何而来？皇帝和太皇太后等都是聪明人，应该一看就会明白。

为了确保万无一失，苏轼还多次上书，请皇上务必皇恩浩荡，不但不要杀果庄等人，还要封官赏赐，以换取西北边关的和平。

苏轼的考虑是对的，毕竟当时青唐一带已经有部落与西夏联姻，如果再为难果庄等人，势必导致整个青唐地区投靠西夏，这样一来，北宋西北的局势就很危险了。

而从事后来看，苏轼以献画曲谏是很有必要的。比如范纯仁（范仲淹的儿子）极力主张杀死果庄以挫败对方的锐气，话音刚落，立马招来一片附和，天知道这些朝廷命官都是怎么想的。

4. 西北战事的终结

不过，太皇太后还是信任苏轼的。果庄刚被押上朝堂就有人给松了绑，后来免了死罪，被软禁在京城，一封接一封地写信回去劝儿子向北宋投降。

儿子却迟迟不答应，这事就这么耗着。

宋哲宗亲政后，变法派再次上台，再启"熙河开边"，北宋对青唐的进攻一度取得阶段性胜利，但最终失败了。直到崇宁二年（1103），王厚（王韶的儿子）带兵前往河湟地区，童贯也带着皇命前来辅助，西北边境再燃战火。北宋几路大军进发，此刻的青唐已远非当初那么强大，各酋长、首领望风投降，此事就基本上办妥了。

北宋灭亡之后，南宋虽然只占据半壁江山，但青唐政权依然前来归附。历经三朝的"熙河开边"至此落下帷幕。

由此可见，和平通常是战争的产物，不流血的和平基本上靠不住。

第四节　"熙河开边"非开不可

1. "熙河开边"的利弊

在一部分后世人的眼里，"熙河开边"是北宋最为成功的一次对外军事行动。但是，即便像苏轼这样的明白人也认为，这一行动换来的不过是大片毫无用处的疆土，对国家的弊大于利，而行动本身浪费了大量国力。

为了"开边"，北宋将最强大的西军布防在西北，在正北方向缺少兵力，无法抵挡金军长驱直入，从而导致了国家的灭亡。

那么，国家何不继续采取招抚政策呢？与青唐政权联合起来，既可以避免战争耗费，还可以形成合力，形成对西夏的强大牵制。前几朝都是这么干的。北宋与青唐唇齿相依，多年来的合作都相当愉快，就在"开边"前一阵，瞎征（唃厮啰国第四代赞普）还出兵帮宋军解了西夏之围。

现在战事一开，河西走廊受到威胁，因西夏扩张而被迫在甘州中途变线的"丝绸之路"只能中止。青唐城（今青海西宁）虽然衰败下去，但北宋与该地的贸易也彻底中断，最奇缺的战略物资——战马将失去来源。

2. 不得已而为之的"开边"

"熙河开边"耗费巨大人力物力，给交战双方带来了无尽的损失，如果得到的仅仅是以上结果，宋神宗和王安石等人岂不是脑袋长了大包？

不，宋神宗不糊涂，而王安石等人更是精明能干，绝对不会利令智昏到拿国家命运开玩笑。前面说过，北宋在初期忙于处理烂摊子，直到 979 年，才将最后一个割据政权北汉灭掉。紧接着连续北伐，试图从辽国手里收回燕云十六州，一直打到 1004 年双方签订"澶渊之盟"。

多年与辽国的战争牵制了大量兵力，北宋最终选择了与契丹人妥协，但回过头来，西北狼在不经意间成了最棘手的祸患。狼首李元昊乃一世枭雄，其野心比身边那头虚胖的草原熊要大得多，目光也要长远得多。

北宋·李公麟《五马图》（局部）

他并未向东南方连续用兵，而将更多的精力放在占领瓜州、沙州、肃州三个战略要地上。他要干吗？控制河西走廊，切断丝绸之路，撤销边境互市，直接断绝北宋战马的来源。

在冷兵器时代，没有马匹，这仗还怎么打？

随后，西北狼在三川口（今陕西延安西北）、好水川（今宁夏隆德县北）、麟府丰（今陕西境内）、定川寨（今宁夏固原西北）等地与北宋进行了四次大战，双方各有胜负，但北宋劲旅西军被打得回不过神来。这当然不能说北宋不行，辽国皇帝带着十万精锐御驾亲征，不也被打得丢盔卸甲么？

如果不是色心太重，李元昊夺走儿媳妇被亲儿子刺杀，北宋的命运到底如何，还真不得而知。

3. 和平解决的可能性小

打来打去，为的就是战马。

那么，对唯一可能提供马匹资源的青唐吐蕃，是不是可以像司马光、苏轼等保守派认为的那样，不战而屈人之兵呢？

这种可能性几乎没有。

河湟地区开发较早，文明程度不低，而河西走廊一带自古就是商业文明发达之地。青唐吐蕃属于青藏高原下来的军事移民，很早就接受了汉化，不少部落的人本身就是唐末战争迁移去的汉人后裔。因此，这一地区不乏精明之士，他们对国际和地区局势的认识深刻而全面。在他们的鼓动下，该地区部分人会顾及眼前利益归顺宋朝，部分人则会在西夏、吐蕃、北宋之间摇摆，还有一部分人是铁了心要和北宋对着干。

无论如何，宋人都有一个无法回避的缺陷：劳师袭远、鞭长莫及，缺乏长途运输的工具——马匹。因此，在利益的诱惑下，他们可能对北宋选边站队，但迫于军事威胁（西夏），他们也会奋起一战。

第五节　不是没钱养，是条件不适合

1. 不是每匹马都叫军马

为了解决军马这一关键战略物资，宋朝投入了大量的人力物力。朝廷将牧监交由枢密院（掌握军政的最高国务机构）直管，负责人由相当于总理的枢密使兼任。马政在养殖、运输、作战等环节建立起一整套完备的保障体系，所需的花费和粮草由各路转运使（行政）和军需司（军队后勤）共同负责，并且至少在很长时期内，宋朝的粮草供应还算充足。

据统计，北宋最多养了 20 万匹马，那为什么军马依然短缺呢？

正如不是每个人都能打仗一样，很多马也是不适合上战场的。宋朝特别是南宋，主要的产马区分布在江淮流域、四川、广西，所产的马数量倒是不少，但通常体格矮小、质量参差不齐，无法作为战马使用。

宋朝的军马主要来自西北吐蕃、回纥、党项等族所在的青藏、新疆地区，其次是产于陕西、山西一带的秦马，女真人海运过来的东北马，河北路牧监繁殖的本地马。

由于战争和政治原因，以上地区的马匹说没就没了。山东及周边地区的马产量高，运输距离近，但品种不是太好。对于南宋，大理国的马匹曾经解过燃眉之急。

2. 南方不适合养马

马的品种不好，不适合作战，那何不引进或改良马种呢？

这样的事不是没干过，江西饶州的牧监曾经引进 562 匹种马，可死了一大半，剩下的 200 多匹只产下 20 余匹马驹，繁殖力只有 10%。一个重要的原因，马是凉性动物，不适合在南方生长——炎热的气候会滋生传染病。因此，马的质量有从高纬度到低纬度逐渐下降的趋势，低纬度的大理国产马，那是因为有可供避暑的云贵高原。

除了气候，还得有大片的草场。我们从《耕织图》中了解到，宋朝的农业相当发达，百业兴旺，人口密度大增，气候上适合养马的河南、河北的人口更是居高不下。人不但要挤占可供牲畜生长的土地，还要在它们口中夺食（以秸秆、饲草为燃料），农民能养好马才怪。

3. 自己养马得不偿失

在养马事业最鼎盛的大中祥符元年（1008），为了饲养 20 万匹马，除了设置各级行政机构，还安排了一线"饲马兵校" 16038 名，不计算地方和部队的马监，每年仅京城就要耗费草料 666000 围（一人合抱为一围），麸料 62240 石（3684608 千克），盐、油、药、糖 95000 斤（60800 千克）。海量的人力物力成本，换来的是官马较低的繁殖力和较高的病死率，并且还根本不堪其用。比如熙宁二年（1069），河南一带十二牧监，每年生产 1640 匹马，但能作为战马的只有 264 匹。

精明的宋朝官吏自然不会对亏本买卖视而不见，天禧元年（1017），宰相向敏中向皇帝提建议了：得压缩马匹的养殖规模。当时的群牧制置使（群牧司长官）陈尧叟心头对此早就一清二楚，只是作为直接负责人不好开口而已。但这一年全国大面积蝗旱，粮食歉收，各地都忙着救灾，有的地方甚至将酿酒的酒糟都拿出来给灾民吃了。

宋真宗不敢再坚持，只得马口夺粮，命令将 13 岁以上的军马全部拍卖。官方马匹减产减少开支，民间也得行动起来，有钱人养马可以，买一匹马得缴纳 50% 以上的重税。王安石变法后，老百姓更是不能自由养马，民用牲畜就只能采用牛、驴或者骆驼了。

第六节　军用物资被卡脖子

1. 辽和西夏合伙欺负人

军马是战备物资，全部处理了可不行，陈尧叟等人对此心知肚明。既要马跑，又要马儿少吃草，那就只有去粗取精，除老弱病残一概不要。地方牧监留下 2000 匹，京城附近的淳泽监保留 5000 匹。

宋朝在澶渊之盟后与辽国无战事，西北方向搞定了青唐地区也不愁战马，目前存栏的马匹足够常规战争需要，重要的是省下了庞大的开支。北方马质优价廉，拿这笔钱买马绰绰有余。但辽国不久就发现北宋算盘打得太精，买我的武器反过来打我，不行，不卖马了，谁胆敢向南方汉人卖，杀无赦。

西北这边，西夏在战马产区即河套一带崛起之后，更是一匹马也不让南下。宋朝就不得不将唯一的希望寄托于青唐吐蕃，这个地方倒也争气，连续提供了一万多匹贡马。这些都是训练一下就能立即上战场厮杀的西北好马。

此外，宋朝在西北边境的"茶马互市"也非常繁荣，这些民族地区的优良马匹为宋朝禁军提供了源源不断的装备。

2. 北宋的七寸在青唐

西夏看到了北宋的七寸，出兵扼住河西走廊，还对青唐吐蕃各部恩威并施、分化瓦解，北宋被逼无奈实施"熙河开边"。

到了南宋，随着金大举南侵，西夏即使想主动南下卖马，也得越过金国地界。金当然会控制敌国的战马输入，南宋就只能在陇南地区购买"甘蕃"之马。绍兴十五年（1145），川、秦茶马两司每年买马9800余匹，这个数量要维持数万骑兵队伍用马是远远不够的。

不过，幸亏有了"熙河开边"，不然如果青唐政权依附了金国，南宋真是无马可买。至于去大理国买马，那也是在王朝的后期。

3. 如何规避骑兵弱小的短板

经过太祖、太宗、真宗等皇帝几代折腾，北宋从后周那里继承下来的战马老本荡然无存，到宋仁宗时，宋朝的所谓20万骑兵，真正有马骑的兵也就几万。因为即便是特别重要的边防军，也有三分之一的骑兵没有马，而内地部队战马缺额更是高达一半。宋的对手辽、夏、金，常备骑兵都在10万以上，并且每名骑兵还不止一匹战马。

面对这样的形势，宋朝在边境采取了一些防御措施。第一招是有计划地植树造林，修建"森林长城"。为了迟滞来自北方的契丹铁骑，北宋从建国之初的961年就诏令边境的百姓种植

画 说 大 宋

速生的桑树和枣树，也有种榆树、柳树的。宋真宗更是让人绘制《北面榆柳图》，营造300万株树木的军事防御林。以后历朝广植林木，并且禁止砍伐毁坏。

南宋边境在川陕地区有山岭的天然屏障，但两淮和荆襄地区一马平川，便借鉴前朝经验在这一带培育南方"植物长城"，为了提高阻挡金军的效果，官府还禁止砍伐川、陕等地的天然林。

第二招是利用南方河流密布的特点，开凿各种运河、水渠，营建"水长城"。北方游牧民族不善水战，特别是金军骑兵到了长江流域简直寸步难行。

还有就是修建各种城堡和要塞，这个全靠宋人的聪明才智。"云顶石城"（四川省金堂县）、"钓鱼城"（重庆市合川区）等都是其中的典范，南宋军民曾依靠它们成功抵挡了蒙古军南下。

第七节　缺少马匹的艰难战争

1. 活动的防御长城

"森林长城""水长城"，加上城池、关隘，形成了立体的纵深防御。当然，这些仅仅是防御，要抵御外敌、取得战争的胜利，必须要面对攻击和主动进攻。

在与北方民族战争之初，宋方屡吃败仗，但将士们在战争中边打边学，摸索出了一套扬长避短、应对敌人骑兵的战法——长矛劲弩。

在与敌军对垒之前，首先设陷阱，伐倒树木做成鹿砦，下绊马索，摆放拒马，以种种措施最大限度地延缓敌方速度，挫败敌方锐气，为己方弓弩手留出更多的攻击时间。长矛手在拒马后面列阵，对敌方骑兵形成第一波攻击，尽量保护弓弩部队。在敌军进入射程后，弓弩手不停地射箭，尽可能杀伤敌人。这个时间不会很长，因为敌方骑兵的速度很快，且会不顾战马受伤继续往前冲，弓弩手得赶紧扔掉弓箭，拿起刀斧、戈矛近距离搏斗（主要是砍杀马匹）。一番厮杀过后，敌骑兵锋线会因战马受伤出现混乱，此时该装备锋利兵器的步兵上去解决战斗了。

2. 岳飞最倚重的还是骑兵

说到南宋，不能不说到"精忠报国"的中流砥柱：岳飞。岳飞自宣和四年（1122）入伍，一直在抗击金军的一线战场，经历大小上百场战斗，从普通一兵成为南宋"中兴四将"，总结出了一套灵活多变的用兵之术，带出了一支让金军闻风丧胆的"岳家军"。

当两个人的决斗变成战斗，当战斗上升为两军之间的战争、几十万人参与的大战役乃至举全国之力的大战略，那就"勇冠不足恃，用兵在先定谋"（岳飞语）了。到绍兴九年（1139），岳家军总兵力超过 10 万，作战时设统制官（相当于作战司令）22 名，不少将军如王贵、张宪等都深入贯彻了岳飞的领军打仗思想。

岳家军有 12 个军，其中嫡系主力背嵬军拥有 8000 名骑兵，踏白军、游奕军也有不少骑兵，三者骑兵共计两万多，其余大部分是步兵，还有一部分水兵。

岳飞早就认识到骑兵在攻城略地中的巨大威力，凡是大的阵仗，必先以背嵬军为先锋杀开血路，再以踏白军、游奕军继续冲锋，最后才是步兵收拾残局。

等下！上一节不是说南宋每年买马不过万匹，那岳家军哪里来的这么多战马呢？没有枪没有炮，敌人给我们造。岳家军同理可得，对面伪齐（原北宋济南知府刘豫建立的傀儡政权）战马多的是。迅速出击，打个措手不及，拿下一个重要的马监，缴获战马上万匹；打一次胜仗，又俘获四五千匹战马。这些都是调教好的军马，换个主人就可以上战场，有时候连骑兵也一块儿省了。

3. 尝尝水军的厉害

古人很谦虚，虽然曾经驾驶大海船展开过真正的海战，但依然自称"水军"而不是"海军"。

我们在第七张画里聊过宋朝的造船能力和航运实力，以此为基础建设强大的水军便是顺理成章的事。总体来说，北宋的重心在北方中原，对水军并未给予足够的重视。当时在禁军与厢军中都有水军，厢军里的水军更多。顺便说一下，宋朝的禁军是中央军，直属枢密院，主要用于打仗；厢军是杂牌军，士兵甚至可以是服刑的犯人，主要任务是巡逻守护和维持秩序，有大量水军驻守江、河、湖、海。梁山好汉一开始节节胜利，遇到的多是厢军。北宋禁军的水军主要部署在京城和山东半岛的登州地区，其作用不言而喻；厢军里的水军则遍地驻扎，负责维持当地治安。

到了南宋，重心转移到了江南；高宗被赶到江南，终于意识到水军的重要性；钟相、杨幺起义军在洞庭湖搞事，需要水军战船才能镇压。如此等等因素，促成水军的地位迅速上升。南宋的四大主力部队都有水军。岳飞收编钟相、杨幺的水兵后，战船和兵力最多；战斗力较强的要数韩世忠的水军，将金军主力在黄天荡围困了一个多月。

相传为北宋画家张择端作品的《金明池争标图》。金明池始凿于后周世宗时，是水军的军事训练基地，到宋朝修建为皇家园林。

南宋在沿海布置了大量水军，并在 1161 年的黄海海面上，取得了对战金军的唐岛大捷。

第八节　从另一个侧面看"弱宋"

1. 宋是波峰还是波谷

纵观中国历史，除分合之外，我们或许还有一个印象——话说天下大势，跌宕起伏。不拿其他朝代扯闲篇，单说宋朝，正好位于"盛唐"和"大元"这座马鞍中间的凹陷部分，恰似父亲和儿子都出人头地，就自个儿不争气。

似乎从宋太祖开始就没有打过几次漂亮的胜仗，即便赢了，也是损兵折将，最终以割地、支付岁币了事，到了后期甚至搞得对北方民族（金）叫"叔叔"的地步。

遭受"靖康耻"，二帝被掳走也就罢了，最可气的是，绍兴十年（1140），岳家军一路北上，先后收复郑州、洛阳等城市，还在郾城、颍昌取得了重大胜利，准备合围汴梁，之后"直捣黄龙府"灭了金国，秦桧等奸臣却设计陷害岳飞等忠臣，剥夺了韩世忠等人的兵权，葬送了收复失地的大好时机。

2. 岳飞北伐能成功吗？

黄龙府位于今天的东北长春市，距离岳家军驻地 3000 多公里，岳飞为什么要打过去？

第一，那是辽、金两代的老巢；第二，徽、钦二帝曾经囚禁于此，后来二帝被带到黑龙江，前者于 1135 年病逝。

金朝拥有当时中国的三大产粮区：关中平原、华北平原、河淮地区，守可以依靠黄河天险，败了大不了退回东北老根据地。

南宋拥有成都平原和长江中下游平原，粮食也没问题，还有大江大河作为凭借。两国都在多年战争中元气大伤，但别忘了，南宋人口众多，"人均 GDP"不及金，后退一步就是大海，并且骑兵是硬伤，而金人本来就以游牧为主，马匹补充更是源源不断。

以岳家军的实力，立马拿下汴梁，恢复北宋边境，甚至夺回燕云十六州也不在话下。但随着北伐的深入，后勤保障首先是个大问题。夏天过后，北方将很快进入严冬，南兵对北兵的天然劣势会马上出现。更何况，岳家军前阶段的北伐胜利，是建立在韩世忠、吴玠、刘光世、张俊等其他军团配合作战的基础上的。当时各军团本就已经疲惫不堪，并且各有各的小九九，指不定有人会作壁上观，让你岳飞逞能，成为远离根据地的孤军。

作为朝廷中枢，首先，要考量受军事影响的全国大局；其次，如果岳飞失败，金军席卷过来怎么办？将先帝接回来怎么办？岳飞等军事首领不断壮大，再来一个太祖爷那样的兵变怎么办？综合考虑之下，唯有召回岳飞才是最佳选项。

如果岳飞不死，战争会继续下去，宋金就不可能顺利地讲和。如果两国死磕，南宋恐怕等不到崖山海战就结束了。

3. 宋军打了多少仗？

272

回到第一段，宋朝是不是停在两个伟大朝代留下的洼地上呢？当然不是！本书已经从各个方面做了回答。

即便在军事和政治上也不是。严格来说，北宋太祖、太宗两帝，是在继续周世宗的统一工作，一连串的战争耗光了后周的积蓄，还搞得生灵涂炭，所以北宋的统治者都把钱看得很重，都非常珍视和平，能不打仗就尽量不打。

如果非打不可，宋兵也是来之能战的。与辽国的仗，是北宋想灭北汉，顺手解决后晋的遗留问题——幽云十六州，这一打就没停住，"高梁河""满城""雁门""瓦桥关"，一路打下来，把辽国打服气了。"澶渊之盟"前的那场大战，北宋更是射杀了辽国主将，将对方主力打得惨败。之所以有"靖康耻"，是由于战略失误，错误地与金一起把辽国给灭了。

到了南宋，朝廷自己也承认是偏安，将都城杭州也取名"临安"。既然是临时安顿，自然也有打回去的意思。南宋也确实打了，除了岳飞的几次北伐，还分别有隆兴、开禧、端平三次北伐。南宋与金互有胜败，就在蒙古铁骑挥师南下之时，南宋再次因为情感而失去理智，犯了又一个战略错误——联合蒙古攻打金国。

"1234"是一串有序的数字，南宋站在端平元年（1234），对"天兴"才三年就行将全军覆灭的金军冷冷一笑。而从此之后，曾经的盟友蒙古又成了对手，1279 年南宋被建国"大元"的蒙古灭亡。

第十二张画 ——《五马图》

273